辽宁省教育厅面上项目《国有农场农用地使用权问题研究》成果（编号：LJKR0342）

国有农用地权利体系研究

Research on the Right System of State-owned Agricultural Land

葛俏 著

法律出版社
LAW PRESS·CHINA
——北京——

图书在版编目(CIP)数据

国有农用地权利体系研究 / 葛俏著. -- 北京 : 法律出版社, 2024. -- ISBN 978-7-5197-9208-4

Ⅰ. F321.1

中国国家版本馆 CIP 数据核字第 2024F1C278 号

国有农用地权利体系研究
GUOYOU NONGYONGDI QUANLI TIXI YANJIU

葛 俏 著

策划编辑 陈 睿
责任编辑 陈 睿
装帧设计 李 瞻

出版发行 法律出版社
编辑统筹 法律出版社
责任校对 李慧艳
责任印制 胡晓雅
经 销 新华书店

开本 710 毫米×1000 毫米 1/16
印张 13.25 字数 203 千
版本 2024 年 6 月第 1 版
印次 2024 年 6 月第 1 次印刷
印刷 北京新生代彩印制版有限公司

地址:北京市丰台区莲花池西里 7 号(100073)
网址:www.lawpress.com.cn
投稿邮箱:info@lawpress.com.cn
举报盗版邮箱:jbwq@lawpress.com.cn
销售电话:010-83938349
客服电话:010-83938350
咨询电话:010-63939796

书号:ISBN 978-7-5197-9208-4
定价:58.00 元
凡购买本社图书,如有印装错误,我社负责退换。电话:010-83938349

前　　言

土地作为不可或缺的自然资源，对任何国家、社会机构、团体及自然人而言，都是至关重要的。在当前社会，随着人口的不断增长，土地资源逐渐变得紧缺。在历史上，土地法律制度建设一直是立法的重要领域，特别是关乎人民基本生活保障的农用土地，其相关法律制度更是受到国家的重视。在法治社会中，土地制度的核心在于构建一套完整的土地权利体系。任何对土地的占有和使用，都必须首先依法明确土地的归属权利，即所有权以及其他实际利用权利的类型及其内容。

中华人民共和国成立后建立了土地公有制，无论是建设用地还是农用土地，均归国家所有。其中，农用土地部分由农村集体经济组织持有所有权，部分则以国家名义享有所有权。自改革开放以来，农村集体经济组织享有的农用土地实行了承包经营制度，近年来还推行了农村承包地“三权分置”制度。这些制度均已由《宪法》《民法典》《土地管理法》《农村土地承包法》等法律法规进行了明确规定，确保了农村农用地的权利体系得到进一步完善和加强。

相较于其他类型的土地，以国家名义享有的农用地在法律制度建设上一直较为滞后。这主要是由于国有农场等单位占用的国有土地的权利体系问题尚未得到全面解决，包括国有林场、国家公园、国家自然保护区等类型的国有土地的权利体系问题也有待进一步创新和完善。

国家虽然是上述国有土地的所有权人,但并不直接占有、使用这些土地,这类土地由国有农场等法人单位实际占有和使用。这些单位作为独立的民事主体,占有使用的国有土地面积相当庞大,仅本书提及的农垦部门实际占有使用的国有土地面积就高达5亿亩,其中耕地面积近1亿亩。

近年来,农垦部门开展了土地使用权确权登记工作,加强对国有土地权益的保护。同时,国有农场借鉴农村土地承包经营制度的经验,推行土地承包经营制度,使农场职工取得了一定期限内的土地占有、使用和收益权。然而,这些农垦单位和职工作为经营实体,他们实际占有、使用国有土地的权利尚未得到法律的确认。

在当前我国社会主义市场经济体制已经取得巨大成功的大背景下,农垦单位等经营实体已经成为市场主体,其生产经营活动也需要进入市场。因此,他们占有、使用的土地也应融入市场经济活动中。为了适应这一发展趋势,有必要进一步完善相关法律法规,明确这些经营实体在占有、使用国有土地方面的权利和义务,促进农用地法律制度建设的健康发展。

为满足实践发展的需要,我国农业农垦部门在坚持《宪法》《民法典》《土地管理法》规定的土地制度的原则下,一直在积极地进行着相关法律问题的探索,而且在力所能及的情况下也开展了一些很有意义的改革试验。

在我国,对国有农用土地权利体系进行法律问题研究和讨论具有深远的实际意义。针对此领域,有几个核心议题亟待关注。首先,在市场经济环境下,国有农场等单位作为独立的民事经营者,其对于国有土地所享有的权利类型应得到法律的明确定义。当前立法在这一方面的表述尚不明确,亟须得到澄清和解决。明确界定农垦单位包括农场、林场等民事主体的土地权利类型及内容,不仅对保障这些单位的民事主体资格至关重要,而且对保护大规模的国有土地资源也至关重要。其次,在不动产登记制度已普遍实施并取得良好社会效果的情况下,如何将农垦单位等民事主体的地权纳入不动产登记体系,需要深入研究并推进。再次,这些单位内部职工所持有的土地权利内涵尚不明确,也需要进一步探讨解决。最后,近年来,一些农垦单位作为民事主体在其占用的土地上进行的如土地资源资产化和资本化(包括土地抵押等)的市场化行为探索,其经验教训值得进一步总结研究。总而言之,关于国有农用地之上的权利体系建设问题,深入研究显得尤为必要。

针对以上问题,本书基于全国各项统计数据汇总与农场改制情况,分析国有农用地的适法困境,从而明确国有农用地现状;在此基础上,了解国有农用地的功能定位、所有权主体等方面的特殊性,参考西欧部分国家、俄罗斯、美国与日本的农用地管理制度国际立法实践,梳理国有农用地使用权与承包经营权的性质、取得、登记、流转与保护;最后对国有农用地收回补偿机制加以说明,从而构建一个科学有效的国有农用地权利体系。

本书所进行的深入探讨,不仅对我国农垦部门未来的发展具有重要的指导价值,而且对其他国有农场、林场、国家公园、自然保护区等地权法治建设具有宝贵的借鉴意义。本书的研究成果对于完善我国相关领域的法制体系,推动地权法治建设的健康发展,具有重要的理论和实践意义。

在本书的撰写过程中,我们充分学习研究了众多同行专家的研究成果,从中汲取了宝贵的思想启示。在此,我们对这些专家表示衷心的感谢,他们的辛勤工作和卓越贡献为本书提供了坚实的支撑。同时,我们也要向所有在本书编写、出版过程中提供帮助的人致以最诚挚的谢意。你们的付出与努力,为本书的顺利完成提供了不可或缺的支持。

然而,由于时间紧迫以及作者水平的局限,本书难免存在一些疏漏和错误。我们诚恳地希望同行专家和广大读者能够给予批评指正,您的宝贵意见将是我们不断进步的动力和源泉。

目　录

第一章　国有农用地现状

第一节　全国统计数据汇总与农场改制情况

一、国有农用地的概念

国有农用地，即国家所有的农业生产经营用地，与集体农用地相对，并与国有工业用地、国有公用地及国有商业用地等概念有所区别。它涵盖了三个核心要素：主体为国家，对象为用于农产品生产的土地，内容为土地所有权及农业生产经营活动。值得注意的是，国有农用地与国有农村土地本质上是同一概念，只是表述上存在差异。

在法律和学术领域，通常使用“国有农村土地”这一表述，而较少使用“国有农用地”。然而，本书采用“国有农用地”的表述基于以下几点考量。

首先，“国有农用地”这一表述直观地反映了其内涵，有助于人们对其形成感性认识并进一步深入理解。相较之下，“国有农村土地”可能会引发对其内涵的误解。

其次，现代法律理论和经济社会发展的趋势也支持使用“国有农用地”。无论是在大陆法系的物权法还是英美法系的财产法中，普遍采用“国有农用地”这一表述，而非“国有农村土地”。此外，随着城乡一体化进程的加速，原有的城市和农村土地的二元划分理论正在受到挑战，这也使得“国有农村土地”这一表述的基础发生动摇。

最后,“国有农用地”的表述符合美学原理。它在静止中蕴含动态,在动态中体现静止,恰如其分地表达了土地功能的多样性和永恒性。

二、全国统计数据汇总

根据国家统计局数据,2021 年全国共有农用地 12,758 万公顷,牧草地 26,428.5 万公顷,其中农垦耕地有 660.6 万公顷[1](具体见表 1－1)。

表 1－1　2017～2022 年国有农场基本情况

指标		年份					
		2017	2018	2019	2020	2021	2022
农场数/个		1758	1759	1834	1803	1799	1787
职工人数/万人		271.5	192.1	214.7	247.1	232.3	228.5
耕地面积/千公顷		6455.6	6419.7	6480.8	6516.6	6606.0	7038.9
农业机械总动力/亿瓦		302.6	306.2	311.9	320.9	330.8	343.0
农业机械拥有量	大中型农用拖拉机/万台	22.2	22.9	22.8	23.1	23.8	24.5
	小型及手扶拖拉机/万台	30.1	37.3	29.1	28.2	28.1	26.9
	农用排灌动力机械/万台	28.7	33.3	39.2	30.0	29.2	29.7
	联合收割机/万台	6.4	6.4	6.5	6.8	7.1	7.5
	农用运输汽车/万台	8.2	7.6	7.7			
农用化肥施用量/万吨		278.0	273.8	252.3	242.8	238.0	242.0
农业总产值/亿元		3837.2	3823.1	3862.1	4230.3	4634.8	4804.5
农作物总播种面积/千公顷		6872.7	6851.2	6789.1	6850.8	6995.9	7161.4

[1] 国家统计局编:《中国统计年鉴——2023》,中国统计出版社 2023 年版,第 100 页。

续表

指标		年份					
		2017	2018	2019	2020	2021	2022
粮食作物/千公顷		4894.1	4827.0	4794.8	4807.8	4990.4	5108.4
谷物/千公顷		3815.5	4022.4	3766.1	3748.1	4092.5	3926.7
棉花/千公顷		796.4	1021.8	1006.6	1016.2	1014.8	1032.3
油料/千公顷		337.2	306.2	309.7	306.8	276.5	298.6
糖料/千公顷		90.4	93.6	97.3	95.0	81.7	81.5
麻类/千公顷		5.1	5.7	7.0	7.9	6.0	5.7
年底实有茶园面积/千公顷		28.5	27.3	31.9	29.8	30.3	30.8
年底实有桑园面积/千公顷		1.0	0.9	1.3	0.8	1.6	1.5
年底实有果园面积/千公顷		418.0	411.3	404.2	403.3	394.5	342.3
年底实有橡胶园面积/千公顷		453.6	439.1	425.4	407.3	401.4	397.9
主要农产品产量	粮食作物/万吨	3515.2	3652.8	3441.1	3562.7	3876.0	3848.6
	谷物/万吨	3198.4	3359.4	3154.2	3241.9	3585.8	3483.9
	棉花/万吨	208.6	284.8	244.7	261.8	263.3	270.7
	油料/万吨	76.6	79.7	75.7	73.5	68.7	75.3
	糖料/万吨	774.8	755.8	746.5	712.5	613.2	598.5
	麻类/万吨	3.0	8.2	10.2	3.2	2.2	2.5
	茶叶/万吨	5.2	5.6	5.3	4.3	4.4	4.5
	水果/万吨	737.5	745.3	784.2	817.0	831.2	825.7
	干胶/万吨	27.0	29.3	28.5	25.6	27.3	28.6
畜牧业生产	大牲畜年底头数/万头	300.5	280.2	299.0	309.8	345.0	387.3
	猪年底头数/万头	1263.7	1173.1	728.4	881.7	995.9	1111.8
	羊年底只数/万只	1369.8	1236.5	1118.5	1083.0	1084.7	1117.1
	绵羊/万吨	1140.4	1031.6	916.7	931.1	933.2	976.9

续表

指标		年份					
		2017	2018	2019	2020	2021	2022
畜产品产量	猪牛羊肉/万吨	189.4	163.0	139.0	129.0	159.6	183.4
	猪肉/万吨	150.9	126.2	102.1	92.5	119.6	142.2
	牛奶/万吨	385.1	389.8	418.2	435.2	467.0	570.2
	禽蛋/万吨	54.4	45.4	48.1	48.8	47.7	45.9
	羊毛/万吨	3.4	3.2	3.2	3.1	3.1	2.2
水产品总产量/万吨		160.9	162.8	161.4	176.7	177.1	180.0

注:1. 本表数据来自农业农村部农垦局。

2. 从2020年起“职工人数”指标口径调整为“职工期末人数”;另外“农用运输汽车”取消调查。

3. 2022年,农业农村部农垦局对2021年农场数量进行了修正。

三、农场改制情况

农垦国有农场和华侨农场是经营管理国有农用地的重要主体。为此,以下将分别从农垦国有农场和华侨农场的视角考察国有农场改制情况。

(一)农垦国有农场

经过70多年的发展,农垦国有农场已形成中央直属垦区、生产建设兵团和地方垦区三类管理体制。

1. 基本情况

2019年年末,全国垦区共有1843家国有农场,5491个国有企业,共计人口1438万人。其总土地面积为34,431,555公顷,其中耕地面积为6,483,736公顷,牧草地面积为14,764,347公顷,林地面积为4,265,188公顷。当前,全国的35个垦区可根据其特点划分为三类:中央直属垦区、生产建设兵团和地方垦区。详见表1-2。

表1-2　全国三类垦区

类型	内容
中央直属垦区	黑龙江、广东
生产建设兵团	新疆生产建设兵团
地方垦区	北京、天津、河北、山西、内蒙古、辽宁、吉林、上海、江苏、浙江、安徽、福建、江西、山东、河南、湖北、湖南、广西、海南、重庆、四川、贵州、云南、西藏、陕西、甘肃、青海、宁夏、新疆地方国有农场、新疆地方国有牧场、广州、南京

（1）中央直属垦区

中央直属垦区包括广东垦区和黑龙江垦区。其中，黑龙江垦区的总面积为5,537,167公顷，而广东垦区的总面积为223,102公顷。这两个垦区在我国的农业发展中起到了举足轻重的作用，为我国的粮食安全和农业现代化做出了重要贡献。

在处理中央与地方关系的问题上，对于此类垦区的管理，政府实施了“部省双重领导，以省为主”的管理体制。在这一模式下，垦区所在省份承担着主要的管理职责，而中央相关部门则提供政策支持。除了特定的事宜需要事先征求中央意见或向中央备案外，大部分的管理工作均由垦区所在省份负责。

在管理垦区国有农用地方面，同样采用了“部省双重领导，以省为主”的模式。例如，在垦区企业改制过程中，如果涉及国有土地的处置，包括作价出资、入股、授权经营或划拨等方式，改制方案需经省级以上政府批准后才能实施。此外，当垦区企业土地资产与垦区外部发生产权变动时，需要事先征求农业农村部和财政部的意见。

在地方政府主管机关的管理层面上，两个中央垦区均由农垦总局或农垦集团进行统筹管理。这种管理方式不仅确保了垦区的稳定发展，而且有助于实现中央和地方共同的目标。通过这一管理模式，垦区得以持续、有序地发展，为我国的农业现代化建设贡献力量。

两个中央直属垦区的情况存在一定差异。

黑龙江农垦始于1947年的开发建设,其下设9个分公司和108家农(牧)场有限公司,分布在黑龙江省的12个市。经过多年的发展,该垦区现已具备超过400亿斤的粮食综合生产能力和商品粮保障能力。自2015年起,黑龙江农垦积极推进政企、事企、社企的分开,并初步形成了现代企业运营体制。2018年12月,国务院授权财政部代表国务院履行北大荒集团出资人职责,黑龙江北大荒农垦集团总公司正式挂牌成立。2019年6月,黑龙江省农垦总局将其承担的政府行政职能全部移交地方政府。2020年1月,经国务院批准,财政部批复同意,北大荒农垦集团有限公司正式成立,由全民所有制企业转制为国有独资公司。

广东农垦已完成集团化改造,设立了广东省农垦集团公司。作为全民所有制企业,该集团下辖5个二级区域农垦集团公司(同时承担农垦局职责)、47家国有农场,并保留了广东省农垦总局的招牌。在国有农用地资产化、农用地使用权抵押担保以及政府收回土地再出让时土地出让金的分配制度试点工作方面,广东农垦集团公司取得了一系列阶段性成果,为垦区的可持续发展奠定了坚实基础。

(2)新疆生产建设兵团

新疆生产建设兵团作为中央直属单位,实行党政军企合一的特殊体制,具有独特的地位和职能。截至2019年年底,兵团辖区面积达到701万公顷,耕地128.10万公顷,约占全国农垦总面积的1/5,是全国农垦最大的垦区之一。作为国有农用地的重要组成部分,兵团承担着国家赋予的重要使命。在行政管理上,兵团既受中央人民政府的领导,也接受新疆维吾尔自治区人民政府的指导。这种双重领导体制体现了兵团在国家治理体系中的重要地位和作用。

1990年,根据国务院的相关决定,新疆生产建设兵团的国民经济和社会发展计划被纳入国务院各部门的计划中,并实行单列管理。兵团可以直接向国务院各部门请示、报告工作,联系相关业务,这种关系更类似于中央与地方政府之间的关系。在与新疆维吾尔自治区的关系方面,新疆生产建设兵团仍然处于从属地位,是自治区的一个组成部分。兵团的工农业生产计划必须与自治区相衔接,兵团的基本建设、技术开发等建议在上报国务院时,必须同时抄送自治区。当中央政府对兵团的行政授权涉及自治区时,需要征求自治区的意见。兵团的重要会议,继续邀请自治区领导和有关部门领导出席。新疆生产建设兵团内的国有农用地由兵团负责管理,并直接向中央各部门报告工作。

(3)地方垦区

除两个中央直属垦区和新疆生产建设兵团外,其他垦区均属于地方垦区。地方垦区的农用地由地方政府管辖,土地管理部门不会向垦区派遣专门的土地管理机构。[1]

2. 政策背景

自2000年起,国有农场已步入深化的改革与发展阶段。国家进一步推进国有农用地改革,深化了其管理体制的改革,并加速了国有农用地的确权登记工作。同时,国家积极探索国有农用地的资产化和资本化,以确保在保护国有农用地资源的基础上,逐步盘活这些宝贵的资源。

为完善国有农用地使用权权利体系,国家持续推进农垦国有农场土地使用权的确权登记工作。自2001年以来,依照《国务院办公厅转发〈国土资源部、农业部关于依法保护国有农场土地合法权益的意见〉的通知》,各地已积极开展此项工作。2015年,《中共中央、国务院关于进一步推进农垦改革发展的意见》进一步明确目标,计划在3年内基本完成农垦国有土地使用权确权登记发证任务,此举加快了农垦国有农场土地确权登记的步伐。2016年,《国土资源部、财政部、农业部关于加快推进农垦国有土地使用权确权登记发证工作的通知》(国土资发〔2016〕156号)详细规划了工作任务和步骤,为农垦国有农场土地确权登记发证工作提供了有力支持。2016年12月,原国土资源部等8部门联合发布的《关于扩

〔1〕 中华人民共和国农业农村部农垦局、中国农垦经济发展中心编:《2019中国农垦统计年鉴》,中国农业出版社2020年版,第33页。

大国有土地有偿使用范围的意见》强调了加强国有农用地确权登记工作的重要性,并规定了以承包经营以外的合法方式取得的国有农用地使用权的确权登记手续。

为了深化农垦管理体制改革,进一步推进农垦国有农场土地资源资产化和资本化,2015 年《中共中央、国务院关于进一步推进农垦改革发展的意见》提出了若干具体要求。首先,要推动垦区集团化农场企业化改革,完善现代企业制度,明晰产权关系,健全法人治理结构。其次,要积极引进战略投资者,依法推进集团公司股权多元化改革试点。最后,还要创新土地资产配置方式,有序开展农垦国有农用地使用权抵押、担保试点。

海南农垦在 2019 年 10 月 17 日成功发行了全国首单以国有土地承包金为基础资产的资产支持证券产品,为农垦国有农用地的资产化、资本化和证券化提供了有益的实践经验。这一举措不仅有助于推进农垦管理体制改革,还有利于提高农垦国有农场土地资源的利用效率和价值。

关于深化国有农场改革,当前的重要任务是推行税费改革,进一步减轻其负担。通过分离国有农场的办社会职能,可以更好地发挥其农业生产功能,促进现代农业发展,并推动国有农用地的规模化和市场化利用。为确保改革的顺利实施,2006 年,《国务院办公厅关于深化国有农场税费改革的意见》明确提出全面取消农业税政策,免除农工承担的类似农村"乡镇五项统筹"的收费,并对国有农场税费改革予以补助。该文件还强调了落实配套措施,逐步分离国有农场的办社会职能、加大对公益事业的投入等。2015 年,《中共中央、国务院关于进一步推进农垦改革发展的意见》要求将国有农场承担的社会管理和公共服务职能纳入地方政府统一管理。随后,2016 年原农业部等 6 部委联合印发的《农垦国有农场办社会职能改革实施方案》对国有农场办社会职能转移作出了更为详细具体的规定。

(二)华侨农场

在全国范围内共有 84 个华侨农场,这些农场在不同省份的分布情况如下:广东省有 23 个,广西壮族自治区有 22 个,福建省有 17 个,云南省有 13 个,海南省有 5 个,江西省有 3 个,吉林省有 1 个。

截至 2013 年年底的数据显示,全国华侨农场已确权登记的土地数量为 362 万亩,其中农用地为 209 万亩,建设用地为 48 万亩,其他如滩涂、陡坡等未利用地共计 105 万亩。

为了更深入了解华侨农场的管理、经营和社会保障情况,笔者将基于不同时期的政策文件(见表 1－3)进行详细阐述。

表 1－3　不同时期华侨农场相关政策文件一览

时期	年份	文件名称	主要内容
创办和初步发展时期	1950	《关于华侨受排斥及迫害问题处理意见》 《关于在兄弟国家中华侨问题的初步意见》	提到要做好安置归国难侨的准备
	1952	《关于海外侨民工作的指示》	明确要收容被迫回国难侨
	1955	《华侨申请使用国有的荒山荒地条例》	为华侨使用国有的荒山、荒地建立华侨农场提供了用地保障
改革开放初期	1985	《中共中央、国务院关于国营华侨农场经济体制改革的决定》	①经济体制改革,实行家庭联产承包责任制; ②管理体制改革,下放地方
深化改革发展时期	1995	《关于深化华侨农场经济体制改革意见》	①深化管理体制改革; ②分离办社会职能
	2007	《国务院关于推进华侨农场改革和发展的意见》	分离办社会职能
	2007	《关于认真贯彻落实国务院推进华侨农场改革和发展意见的通知》	社会保障性工作
	2012	《关于进一步推进华侨农场改革和发展工作的意见》	深化管理体制改革

1. 管理体制

自 1985 年起,华侨农场的管理体制经过了多次重要变革。中共中央和国务院联合发布了《关于国营华侨农场经济体制改革的决定》,明确提出要将原来由中央和省级侨务部门主管(以省为主)的领导体制,转变为由地方政府领导的体制,并将华侨农场的管理权下放给地方政府统筹管理。这一改革旨在加强地方政府对华侨农场的领导和管理,促进其经济发展和社会稳定。

1995 年,国务院办公厅转发了国务院侨务办公室发布的《关于深化华侨农场经济体制改革意见的通知》,进一步强调了华侨农场隶属关系的调整,要求已交由所在地政府领导的省份,应进一步理顺其管理关系,以加强管理并巩固改革成果。这一举措有助于华侨农场更好地融入地方发展,促进资源的合理配置和利用。

以福建省为例,该省在 1997 年发布了《关于我省华侨农场领导体制改革的意见》,根据各华侨农场的实际情况,按照面积、规模的不同进行分类管理,分为县级、乡镇级和县属国有企业三类。这一改革将华侨农场的社会和经济发展纳入地方总体发展规划中,有助于推动华侨农场与地方经济的协同发展。

总体而言,上述改革措施有效地改善了华侨农场长期与外界封闭的状况,使其更好地融入地方发展,为推动经济社会的持续发展奠定了坚实基础。

近年来,我国持续深化华侨农场建制改革,旨在完善传统华侨农场体制。《关于进一步推进华侨农场改革和发展工作的意见》(国侨发〔2012〕29 号)明确要求,应朝着单独设乡镇(街道)或并入周边乡镇(街道)的方向改革,以实现华侨农场与地方体制的彻底融合。对于已更改为华侨管理区、经济区的农场,需赋予其相应的行政管理职能,并逐步过渡到设立一级政权的管理体制。目前,大部分华侨农场已改为乡镇(街道)或并入周边区域。以广东省为例,该省 23 个华侨农场均已转型为经济管理区、镇或街道办事处以及现代企业。

与此同时,华侨农场的社会管理职能也逐步转由地方政府承担。根据《国务院办公厅转发国务院侨务办公室关于深化华侨农场经济体制改革意见的通知》(1995 年)和《国务院关于推进华侨农场改革和发展的意见》(2007 年)等文件,各地华侨农场将其承担的教育、卫生、政法等社会职能移交地方政府统筹管理。2009 年,海南省全面分离了华侨农场的办社会职能,将其承担的教育、卫生等社会职能划归所在地政府归口管理。广东省提出了“三融入”“三化”的改革要求,即推进华侨农场与地方体制融合、管理融入社会、经济融入市场和实现工业化、城镇化、农业产业化。至 2013 年,广东华侨农场办社会职能分离工作基本完成,累计移交各类华侨农场办社会职能机构 401 个,涉 14,923 人,实现归口统筹管理。

进行上述改革后,地方政府直接领导和管理华侨农场,农场领导干部的任用和选用模式得以调整。此举打破了以往领导干部均由华侨农场内部产生的局面,加强了地方政府与农场之间的人才交流。例如,广西壮族自治区从市、县直、乡镇选派了 25 位干部到 19 个华侨农林场担任党政领导职务,为领导班子注入了新活力。

2. 经营体制

根据中共中央和国务院于 1985 年发布的《关于国营华侨农场经济体制改革的决定》,华侨农场已逐步建立起以职工家庭土地承包经营为基础、统分结合的双层经营体制。这一改革旨在深化领导体制改革,将原先由中央和省侨务部门主管、以省为主的领导体制转变为由地方人民政府领导。

在稳固双层经营体制的基础上,国家遵循依法、有偿、自愿的原则,有序推进华侨农场土地承包经营权的流转;承包经营自主权得到落实,鼓励并扶持职工发展家庭农场、自营经济和非公有制经济;同时,鼓励家庭经营向采用先进科技和生产手段的方向转变,增加技术、资本等生产要素的投入。此外,还鼓励统一经营向农场职工联合与合作的方向转变,形成多元化、多层次、多形式的经营服务体系,并发展专业合作社和各种农业社会化服务组织。通过实施长期不变的土地承包政策,实现了生产资料与劳动力的有效结合,让职工依法用地、自主经营、自负盈亏,从而调动了其生产积极性。

以海南省为例，该省积极推进华侨农场经营体制改革，全面推行统分结合的职工家庭承包经营，并实行土地承包经营权流转。通过调整农场与职工的利益分配关系，提高职工收益分成，有效提高了职工待遇，进一步激发了职工的生产积极性。

3. 社会保障

华侨农场的各项社会保障制度，包括医疗保险、养老保险、住房、最低生活保障等，已逐步建立健全。国务院于 2007 年发布的《关于推进华侨农场改革和发展的意见》明确提出，要解决华侨农场职工的基本养老保险和医疗保障问题，以及拖欠的工资、离退休金和医疗费等问题，并强调了就业培训的重要性。中央财政已安排专项资金，对部分地区华侨农场和集中安置在农垦、林业企业的归难侨离退休人员的基本养老金实行定额补助，确保其养老金的足额按时发放。广东、广西、福建、云南、海南等省（区）政府也制定了相应政策，为侨场职工，特别是归难侨职工的医疗和退休生活提供保障。广西壮族自治区各级政府已将华侨农（林）场的社会经济发展纳入当地发展规划，并逐步落实惠农政策，使其惠及华侨农（林）场。华侨农场主要通过划拨方式取得国有农用地的使用权，并在其上进行农业生产和生活活动。国有农用地对农场职工而言，不仅是生产资料，也是他们的社会保障。[1]

第二节 国有农用地的法律适用

当前，关于国有农用地的立法尚未形成一套统一且完善的规范体系。在高位阶的立法中，对于国有农用地、国有农用地使用权等概念的定义和规定相对缺乏。除了与一般土地相关的内容在《宪法》和《土地管理法》

---

〔1〕 李乐等：《国有农用地现状及市场化配置浅析》，载《国土资源情报》2021 年第 12 期。

等基本法律中有所涉及外，关于国有农用地的特有内容主要规定在行政法规、部门规章等较低位阶的法律文件之中。

一、宪法

根据《宪法》的相关规定，国有农用地及其管理制度主要体现在对农垦土地性质的界定、国有农用地的登记制度和流转制度的明确规定。在宪法层面上，农垦土地被明确为国家所有，这为国有农用地的所有权提供了根本法律依据。

在历史沿革上，荒地一直为国家所有，而农垦土地多为开垦荒地而来。根据《宪法》的规定，除法律的特殊规定外，农垦土地从性质上应被视为国有土地。此外，《宪法》还明确规定"土地的使用权可以依照法律的规定转让"，这为国有农用地使用权的产生及其转让等提供了宪法层面的依据。

国有农用地使用权实质上是土地所有权与使用权的分离，国家在保留土地所有权的同时，将土地使用权赋予国有农场或者其他单位和个人。通常，国有农场或者其他单位和个人通过划拨、出让或签订合同等形式获取国有农用地的使用权。

二、法律

目前，法律层面上尚未对国有农用地、国有农用地使用权等概念进行明确定义。然而，在《土地管理法》《草原法》《森林法》《渔业法》等法律中，可以通过体系解释或扩张解释等法律解释方法，为国有农用地及国有农用地使用权的确立提供合理的法律依据。

《民法典》物权编用益物权分编基本维持了原《物权法》关于国有农用地的规定，未对国有农用地、国有农用地使用权等概念进行界定，仅在第 343 条规定"国家所有的农用地实行承包经营的，参照适用本编的有关规定"。尽管《民法典》第 343 条为通过承包经营方式取得的国有农用地管理和使用提供了参照,但国有农场取得国有农用地的使用权并非仅限于承包经营一种方式,还可以通过划拨、作价出资、租赁等各种形式取得。因此,《民法典》的规定并不能完全覆盖所有国有农用地的范围。

在 2019 年《土地管理法》中,国务院自然资源主管部门被统一赋予了全国土地的管理和监督职责;国家所有依法用于农业的土地可以由单位或者个人承包经营,从事种植业、林业、畜牧业、渔业生产。这些规定为单位和个人享有国有农用地使用权提供了法律上的依据。同时,《土地管理法》中的土地规划制度、土地用途管制制度、土地流转制度等内容均可适用于农垦国有农用地管理制度。

此外,2013 年《草原法》规定国家所有的草原可以依法确定给全民所有制单位、集体经济组织等使用,并规定依法确定给全民所有制单位、集体经济组织等使用的国家所有的草原,由县级以上人民政府登记,核发使用权证,确认草原使用权。2019 年《森林法》规定,国家所有的林地和林地上的森林、林木可以依法确定给林业经营者使用;林业经营者依法取得的国有林地和林地上的森林、林木的使用权,经批准可以转让、出租、作价出资等。2013 年《渔业法》规定,单位和个人使用国家规划确定用于养殖业的全民所有制水域、滩涂,经使用者申请,由县级以上人民政府核发养殖证。这些规定为单位、个人通过不同形式取得国有草地使用权、国有林地使用权、滩涂使用权提供了法律依据。至于“国有农用地”“国有农用地使用权”的概念,在法律上尚未直接规定,国有农用地使用权确权登记等内容主要在部门规章中得到规定。

三、行政法规及部门规章

关于国有农用地,国家主要通过行政法规和规章来规范其管理体制和经营模式。早在 1994 年,国务院办公厅就发布了《农业部职能配置、内设机构和人员编制方案》,明确规定了农垦局在全国农垦系统中的管理和指导职能,并明确了管理主体。2016 年《国务院关于全民所有自然资源资产有偿使用制度改革的指导意见》对国有农用地的使用方式、供应方式、范围、期限条件和程序进行了明确要求。

在经营模式方面,1984 年原农牧渔业部颁布了《国营农场职工家庭农场章程(试行草案)》,明确了职工家庭农场的内涵,并将其视为国营农场的重要组成部分。1986 年《中共中央、国务院批转〈农牧渔业部关于农垦经济体制改革问题的报告〉的通知》,进一步推进了农垦经济体制改革,增强企业活力,下放权力给农垦企业,使其成为自主经营的经济实体,并要求认真办好家庭农场,建立、健全"大农场套小农场"的经营管理体制。

2001 年《国务院办公厅转发〈国土资源部、农业部关于依法保护国有农场土地合法权益的意见〉的通知》对土地权属问题进行了妥善处理,依法确认了国有农场土地使用权,并加快了国有农场土地登记发证的工作步伐。2017 年,原国土资源部办公厅、财政部办公厅和原农业部办公厅联合印发的《加快推进农垦国有土地使用权确权登记发证工作方案》,以及原农业部等 6 部委印发的《农垦国有农场办社会职能改革实施方案》等部门规章,也从国有农用地确权发证、农垦集团化改革、办社会职能分离等方面规定了相应的管理制度内容。

综上,国家在规范国有农用地方面,通过多部行政法规和规章对其管理体制和经营模式进行了全面规定,确保了国有农用地的合理使用和有效管理。

四、地方立法文件

除国家层面的行政法规和部门规章外,关于农垦国有土地管理制度的相关内容主要呈现在地方性法规、地方政府规章和其他地方规范性文件中。对黑龙江、海南、广东等地的相关法律文件进行梳理后,笔者发现专门针对农垦事宜的地方性法规数量相对较少。海南省人民代表大会常务委员会于 1997 年通过了《海南经济特区农垦国有农场条例》,并于

2009 年颁布了《关于推进海南农垦管理体制改革的决定》。黑龙江省人民代表大会常务委员会于2010 年颁布了《黑龙江省垦区条例》,但上述地方性法规现已被废止。

各垦区的地方政府规章和地方规范性文件数量较多,主要从农垦国有土地的管理体制、集团化改革、确权发证、办社会职能分离等多个方面进行了规定(见表1-4)。这些规定为农垦国有土地的管理提供了具体的操作依据,有助于推动农垦事业的健康发展。

表1-4 农垦国有土地管理制度规范体系

规范形式	主要条文	规范内容	特点
宪法	《宪法》第9条、第10条	土地所有权属性、使用权转让等	间接适用、宏观规定、效力等级最高
法律	《土地管理法》《草原法》《森林法》《民法典》	土地管理制度、管理主体	多为参照适用的规定、缺乏专门性规定、效力等级高
行政法规	《农业部职能配置、内设机构和人员编制方案》《国务院关于全民所有自然资源资产有偿使用制度改革的指导意见》	管理主体和权限、农垦国有土地使用权确权发证、土地使用权流转等	专门性规定、规范涵盖内容多、具有引导性、效力等级不高
地方性法规	《黑龙江省垦区条例》(已失效)、《海南经济特区农垦国有农场条例》(已失效)、《关于推进海南农垦管理体制改革的决定》(已失效)	管理职能、管理体制、社会保障、经营方式	数量少、规范涵盖内容少,适用范围有限、效力等级不高
地方政府规章	《海南省国土资源厅关于推进新一轮农垦土地管理制度改革的实施意见》《广东省农垦总局、华侨农场管理局所属单位改革劳动制度实施办法》《长春市土地登记办法》	农垦国有土地规划、确权发证、权益保障等	数量多、规范涵盖内容广、适用范围有限、效力等级低

续表

规范形式	主要条文	规范内容	特点
其他地方规范性文件	《关于推进新一轮海南农垦改革发展的实施意见》《海南省人民政府转发国务院关于同意推进海南农垦管理体制改革意见的批复的通知》《河南省人民政府办公厅转发省农业厅国土资源厅关于切实保护国有农场土地权益意见的通知》《宁波市人民政府办公厅关于加快推进国有农场社区社会管理属地化改革的实施意见》	农垦国有土地管理体制；农垦国有土地的确权发证、权益保护、办社会职能分离等	数量多、规范内容范围广、效力等级低

综上所述，国有农用地在高位阶立法中存在一定的缺陷。例如，2019年《土地管理法》在第五章中专门针对建设用地进行了规定，但并未设立专章或系统规定国有农用地的相关内容，除了涉及国有农用地承包经营外，没有明确其他取得国有农用地使用权的方式。同样地，《民法典》在用益物权部分规定了土地承包经营权、建设用地使用权、宅基地使用权和地役权，涵盖了集体所有的农用地、宅基地和国有建设用地的权利内容，但缺少对国有农用地的系统性规定。由于在法律上存在这样的空白，相关部门在进行国有农用地确权登记发证、土地资产化等管理工作时遇到了一定的障碍。[1]

〔1〕 甘藏春等：《当代中国土地法若干重大问题研究》，中国法制出版社 2019 年版，第 20 页。

第二章　国有农用地特殊性

第一节　功能定位

土地作为人类生存与发展的基石，是人类生产和存在的根源。国有农场在特定历史背景下，肩负国家使命而建立，为国家安全、粮食保障、国家建设以及边疆稳定等方面做出了不可磨灭的贡献。近年来，随着国有农用地改革的逐步推进，其在经济、社会、生态以及国家安全保障等方面的功能也日益凸显和增强。

一、经济功能

国有农场凭借规模化、机械化、科技化等独特优势，在现代农业建设和农业科技创新等领域展现出显著资源优势。以棉花种植为例，2019 年全国农垦棉花播种面积占全国的 30.14%，而棉花总产量却占据全国的 41.56%，这一数据充分展示了国有农用地在提高棉花单产方面的优势。这一优势的形成，既得益于自然条件如土壤、气候，也与农业科技创新和现代农业建设密不可分。

作为国有农用地载体的全国农垦系统，在农业现代化进程中发挥了重要的示范作用，农垦系统的生产总值也在持续增长。2019 年，全国农垦生产总值达到7886.25亿元,占国内生产总值的0.8%。其中,第一产业增加值为1828.37亿元,第二产业增加值为3290.01亿元,第三产业增加值为2767.87亿元。此外,全国农垦拥有一批具有强大竞争力的农业产业化龙头企业。例如,北京垦区的北京三元食品有限公司、黑龙江垦区的九三粮油工业集团有限公司、上海垦区的光明乳业股份有限公司以及广东垦区的广垦糖业发展有限公司等。这些企业围绕农副产品加工、食品制造等优势产业,逐步形成了具有强大竞争力的大型农产品加工企业集团。

2015年,《中共中央、国务院关于进一步推进农垦改革发展的意见》明确指出:"农垦是中国特色农业经济体系不可或缺的重要组成部分。"这一论断充分肯定了国有农用地在我国农业经济中的特殊地位,并明确了深化农垦管理体制和经营机制改革、推进现代农业建设的方向;从建设大型农产品生产基地、发展农产品加工流通业、提升科技创新能力、建设农垦现代农业示范区、开展农业对外合作等多个层面,确立了农垦国有农用地的经济发展目标。

二、社会功能

国有农用地作为重要的生产资料,在国有农场的生活和生产活动中发挥着至关重要的作用。它不仅为农场的各项活动提供了基础,还承担着重要的社会功能,包括生活保障、就业保障和社会保障等。

首先,在职工住房保障方面,虽然现行法律法规对划拨给国有农场使用的土地类型和范围没有明确规定,但国有农场可通过多种方式改善职工的住房条件。例如,建造经济适用房或提供定向供应的住房,帮助职工解决住房问题。

其次,在就业保障方面,国有农用地为农场职工提供了大量的就业机会。全国范围内,农场从业人员数量庞大,涵盖了第一、二、三产业的从业人员,为解决职工就业问题提供了有力支持。

最后,在社会保障方面,各地将农场职工纳入相应的社会保障体系,为其提供社会保险、社会救助等,确保职工在养老、医疗、教育、就业等方面得到必要的帮助和保障。

除了上述保障措施,国有农用地在农场办社会职能分离后仍然承担着对职工的保障功能。例如,基本田作为职工的基本生活田和社会保障田,其存在本身就是对职工生活的一种保障。基本田不收取使用费或承包费,而仅收取职工自身受益的社会保险费用。

为了进一步推进农垦改革发展,2015 年《中共中央、国务院关于进一步推进农垦改革发展的意见》提出改革国有农场办社会职能,将公检法、基础教育、基本医疗和公共卫生等办社会职能移交地方政府管理。这一改革使得国有农用地承担的社会管理和公共服务职能得到整合,逐步减轻了其办社会职能的负担,有助于提高国有农用地的发展活力,并增强其在经济、粮食安全等方面的保障功能。

三、生态功能

国有农用地在生态功能方面具有不可小觑的作用。这主要体现在国有林场和国有草场在保护生物多样性、培育森林资源、应对气候变化、建立生态屏障、防风固沙以及防止水土流失等方面的作用。森林作为陆地生态的主体,对于国家、民族的生存和发展至关重要,它关系着生态安全、淡水安全、国土安全、物种安全、气候安全以及国家生态外交大局。

近年来,国有林场改革进一步突出了其生态意义和资源培育功能,实施了严格的森林资源保护和培育措施,减少了商业性采伐,逐步增强了森林的碳汇能力和应对气候变化的能力。自 2016 年起,国有林场全面停止了天然林的商业采伐,使森林资源得到了有效保护。停伐政策实施后,国有林场每年减少了约 556 万立方米的森林采伐量,有力地促进了森林资源的培育。

根据 2015 年中共中央、国务院印发的《国有林场改革方案》,国有林场的主要功能被明确定位于保护和培育森林资源、维护国家生态安全。国有林场通过采取大力造林、科学营林和严格保护林场等措施,进一步提升了其生态功能,为国家生态安全做出了重要贡献。

四、国家安全保障功能

国有农用地在国家安全保障体系中占据着不可替代的地位,其核心价值在于对国家粮食安全和边疆安全的坚实保障。

粮食安全事关国家生存与发展,是重中之重的基础性问题。国有农用地的一项关键职责就是确保国家的粮食安全。相关统计数据显示,2019 年全国农垦粮食总产量达到 3441.07 万吨,占全国粮食总产量的 5.18%,这充分证明了国有农用地在保障国家粮食供应方面的重要作用。尤其是位于黑龙江、内蒙古、辽宁、吉林、江苏、湖北等地的垦区,凭借其优越的地理条件和农业生产环境,成为我国重要的粮食生产区域。

在中华人民共和国成立之初,许多边疆地区面临着有边无防的困境。军垦作为新生事物,从一开始就肩负起了屯垦戍边的使命,旨在维护边疆稳定与安全。几十年来,以新疆生产建设兵团为代表的垦区,在保障边疆安全、巩固国家边防、捍卫领土完整、缓解国家安全压力等方面做出了无可替代的贡献。当前,国际形势日益复杂,新疆生产建设兵团在维护边疆稳定和国家安全利益中的地位越发重要。

进入新的历史时期,国有农用地依然承担着保障国家粮食安全和边疆安全的重任。2015 年《中共中央、国务院关于进一步推进农垦改革发展的意见》明确提出,农垦改革发展必须适应新形势新要求,致力于成为保障国家粮食安全和重要农产品有效供给的国家队、推动农业现代化建设的示范区、实施农业对外合作的排头兵以及维护边疆稳定的重要力量。[1]

---

〔1〕 邓庆海主编:《国有农用地:权利体系与农垦实践》,中国农业出版社 2021 年版,第 46～50 页。

第二节　所有权主体特殊

一、国有农用地所有权

根据《民法典》第240条的明确定义，所有权是指对个人不动产或动产的法定权利，包括占有、使用、收益和处分的权利。在国有农用地所有权方面，国家依法享有对属于全民所有的农用地占有、使用、收益和处分的权利。根据《民法典》第246条的规定，国有农用地所有权属于国家，由国务院代表国家行使，但另有法律规定的除外。

国有农用地所有权的权能分为积极权能和消极权能。积极权能是指所有权人对其所有物享有的占有、使用、收益和处分的权利。其中占有是所有权最基本的权能；使用是所有权的核心权能；收益是指通过对物的占有和使用获取物的经济效应，包括物的孳息；处分则是所有权的根本标志，是指所有者变更、消灭所有物或其物的权利的权能。消极权能是指排除他人干涉，维持自身支配所有物的权利，包括返还请求权、防止妨害请求权等。[1]

二、国有农用地所有权的主体及其代表

(一)国有农用地所有权主体问题的由来

1. 国家所有权的代表主体问题

国有农用地所有权主体问题，是我国国家所有权主体共性议题。我国实行公有制经济为主体、多种所有制经济共同发展的基本经济制度，公有制涵盖国家所有和集体所有两种形式。国家所有即全民所有，这与一些国家和地区的政府所有体制存在显著差异。无论是国家所有还是全民所有，在所有权层面上，都需要进一步明确行使所有者权利、履行所有者

[1] 常鹏翱：《国有农用地的产权构造》，载《中国政法大学学报》2021年第3期。

职责的代表主体。

在国家所有权代表主体的问题上，我国经历了长期探索，在原《物权法》的基础上形成了基本框架，并在2020年颁布的《民法典》中加以巩固。以国有农用地为例，1983年11月19日，原农牧渔业部农垦局发布了《关于在国营农场兴办职工家庭农场的意见》（〔1983〕农垦字第216号），明确指出国营农场的土地、草原、山林、水面等固定给职工家庭长期使用，但所有权仍属国营农场，职工不得变卖、出租或转让。这里"所有权仍属国营农场"实际上是对所有权代表主体或行使主体的表述。尽管1986年颁布的《土地管理法》未明确国有土地所有权的代表主体，但国有土地确权仅确定了使用权。随后，1992年颁布的《全民所有制工业企业转换经营机制条例》和1994年颁布的《矿产资源法实施细则》分别规定"企业财产属于全民所有，即国家所有，国务院代表国家行使企业财产的所有权"以及"国务院代表国家行使矿产资源的所有权"。1998年修订的《土地管理法》第2条第2款进一步明确规定："全民所有，即国家所有土地的所有权由国务院代表国家行使。"此后，《海域使用管理法》《水法》《草原法》等相关法律也相继规定了国家所有权的代表主体。

在原《物权法》的起草过程中，关于国家所有权代表主体的观点存在一定争议。一种观点认为应由国务院代表国家行使国家所有权；另一种观点则主张全国人民代表大会作为国家财产所有权的代表，理由是国家所有即全民所有，而全国人民代表大会是民意代表机关。经过深入研究，依据宪法规定，全国人民代表大会是最高国家权力机关，国务院是最高国家权力机关的执行机关。全国人民代表大会代表全国人民行使国家权力，体现在依法就关系国家全局的重大问题作出决定，而具体执行机关是国务院。因此，原《物权法》第45条第2款规定："国有财产由国务院代表国家行使所有权；法律另有规定的，依照其规定。"这一规定奠定了我国国家所有权代表主体的基本格局，为《民法典》第246条第2款所沿用。

2. 国家所有权的具体代表或行使主体问题

根据相关法律规定,国务院作为国家的代表,负责行使国有财产的所有权,这解决了国有财产的一般代表主体问题。然而,面对庞大且种类繁多的国有财产,国务院无法也不必直接行使国家所有权,因此需要授权有关机构具体行使。

随着经济体制改革的深入推进,市场交换日趋频繁,法律风险不断增加,国家所有权的具体代表或行使主体问题引起了理论界的广泛关注。有观点认为,实际上有不少国有自然资源的所有权是由地方人民政府具体行使的,因此应当规定地方人民政府也有权代表国家具体行使国有自然资源的所有权。在实践中,国家所有权代表的具体化、明确化已在市场化程度较高的领域开始探索。例如,《城镇国有土地使用权出让和转让暂行条例》第 8 条规定土地使用权出让是指国家以土地所有者的身份将土地使用权在一定年限内让与土地使用者,而第 9 条紧接着规定土地使用权的出让由市、县人民政府负责。此外,《中共中央关于国有企业改革和发展若干重大问题的决定》也指出,国务院代表国家统一行使国有资产所有权,中央和地方政府分级管理国有资产,授权大型企业、企业集团和控股公司经营国有资产。不过,《城镇国有土地使用权出让和转让暂行条例》的规定和《中共中央关于国有企业改革和发展若干重大问题的决定》的要求并没有严格区分所有权具体行使代表和政府行政管理的职责。

2002 年党的十六大对企业国有资产管理体制改革提出了明确要求:在坚持国家所有的前提下,充分发挥中央和地方两个积极性。国家要制定法律法规,建立中央政府和地方政府分别代表国家履行出资人职责,享有所有者权益,权利、义务和责任相统一,管资产和管人、管事相结合的国有资产管理体制。关系国民经济命脉和国家安全的大型国有企业、基础设施和重要自然资源等,由中央政府代表国家履行出资人职责;其他国有资产由地方政府代表国家履行出资人职责。中央政府和省、市(地)两级地方政府设立国有资产管理机构。之后,2003 年出台的《企业国有资产监督管理暂行条例》对企业国有资产的代表主体、具体行使主体作出了较为明确的规定:一方面规定由国务院和地方人民政府分别代表国家履行出资人职责,并划分了国务院和地方人民政府分别代表国家履行出资人职责的国有企业的范围;另一方面规定国有资产监督管理机构根据授权,依法履行出资人职责。《企业国有资产监督管理暂行条例》的上述规定在2008年《企业国有资产法》中得到进一步固定。

相比之下,包括自然资源在内的其他国有产权的改革要相对缓慢一些,自然资源所有权的具体代表或行使主体不明确问题也因为自然资源所有权长期不登记而未凸显。然而,随着市场化改革的推进和对生态文明建设重视程度的提高,包括国有农用地在内的自然资源国家所有权确权登记被提上议事日程,自然资源所有权的具体代表或行使主体也因此成为必须解决的重大问题。[1]

(二)自然资源产权代表制度的改革方向、实践及对国有农用地的影响

1. 自然资源产权代表制度的改革方向

近年来,为顺应全面深化改革的需求,我们正加速推进对自然资源产权制度的改革。党的十八届三中全会上通过的《中共中央关于全面深化改革若干重大问题的决定》明确提出,对水流、森林、山岭、草原、荒地、滩涂等自然生态空间进行统一的确权登记,形成归属清晰、权责明确、监管有效的自然资源资产产权制度;健全国家自然资源资产管理体制,统一行使全民所有自然资源资产所有者职责。

习近平总书记在《关于〈中共中央关于全面深化改革若干重大问题的决定〉的说明》中明确指出:"国家对全民所有自然资源资产行使所有权并进行管理和国家对国土范围内自然资源行使监管权是不同的,前者是所有权人意义上的权利,后者是管理者意义上的权力。"[2]这为我们进一步理顺自然资源产权制度改革提供了明确的指导方向。

---

〔1〕 王涌:《自然资源国家所有权三层结构说》,载《法学研究》2013年第4期。

〔2〕 习近平:《论坚持全面深化改革》,中央文献出版社2018年版,第40页。

2015 年,中共中央和国务院联合发布了《生态文明体制改革总体方案》。该方案第二部分“健全自然资源资产产权制度”明确提出探索建立分级行使所有权的体制,对于全民所有的自然资源资产,根据不同资源种类及其在生态、经济和国防等方面的重要程度,研究实行中央和地方政府分级代理行使所有权职责的体制,实现效率和公平相统一。同时,该方案要求明确全民所有资源中哪些资源由中央政府直接行使所有权,哪些资源由地方政府行使所有权。中央政府直接行使所有权的资源,主要包括石油、天然气、贵重稀有矿产资源、重点国有林区、大江大河大湖和跨境河流、生态功能重要的湿地草原、海域滩涂、珍稀野生动植物种和部分国家公园等。

2019 年 4 月 14 日,中共中央办公厅、国务院办公厅联合发布了《关于统筹推进自然资源资产产权制度改革的指导意见》,要求明确自然资源资产产权主体,推进相关法律的修改工作,并授权国务院自然资源主管部门代表统一行使全民所有自然资源资产所有者职责。同时,该指导意见指出要研究建立国务院自然资源主管部门行使全民所有自然资源资产所有权的资源清单和管理体制,并探索建立委托省级和市(地)级政府代理行使自然资源资产所有权的资源清单和监督管理制度,但法律授权省级、市(地)级或县级政府代理行使所有权的特定自然资源除外。

2. 自然资源产权代表制度改革的实践探索

2019 年 7 月 11 日,自然资源部、财政部、生态环境部、水利部和国家林业和草原局联合发布了《自然资源统一确权登记暂行办法》。该暂行办法第 10 条明确规定,全民所有自然资源所有权代表行使主体登记为国务院自然资源主管部门,所有权行使方式分为直接行使和代理行使。对于中央委托相关部门、地方政府代理行使所有权的情形,所有权代理行使主体登记为相关部门、地方人民政府。

随后,2020 年 2 月,自然资源部发布了《自然资源确权登记操作指南(试行)》,对自然资源确权登记工作作出了更为明确的规定,进一步规范了相关操作流程。

3. 自然资源产权代表制度改革探索对国有农用地的影响

根据上述改革设想及实施方案，自然资源产权制度和统一登记的改革对国有农用地产权代表制度改革产生了深远的影响。该改革旨在清晰界定全部国土空间各类自然资源资产的产权主体，其中重点是统一对水流、森林、山岭、草原、荒地、滩涂等自然生态空间进行确权登记。

森林和草原确权登记的核心是国家所有林地、草地的登记，确权登记的基础在于负载森林和草原资源的林地、草地所有权。首批开展统一确权登记的国家公园、自然保护区、自然公园等各类自然保护地，以及江河湖泊、生态功能重要的湿地和草原、重点国有林区等区域中，核心内容是国有林地、草地及其上其他自然资源的确权登记。以国有重点林区为例，目前国务院确定的国家所有的重点林区是指东北、内蒙古国有林区的国家重点森工企业的施业区。在我国现有的国有林业用地中，仅黑龙江、吉林、内蒙古国有林区的国家重点森工企业的施业区就占了全国国有林用地的49.5%、国有森林蓄积量的40%。

虽然中央自然资源产权制度改革的指导文件和具体部署中未提及国有耕地，但划清国有与集体所有自然资源的界限、划清不同类型自然资源产权的界限，不可避免地要触及国有耕地。此外，国有林地、国有草原等自然资源国家所有权代表主体、行使主体等的确定，对未来国有耕地所有权代表主体、行使主体的确定无疑具有重要影响。因此，需要进一步研究和完善相关政策和法规，以确保国有农用地产权制度的合理性和有效性。

（三）自然资源产权代表制度改革需要进一步解决的问题

1. 制度供给问题

根据前述方案、意见、办法，我们可以清晰地看到中央战略部署的逐步、逐级落实。从制定主体和出台的时间顺序分析，可以得出以下几点核心结论。

（1）国务院被授权为自然资源资产所有者职责的统一代表。

(2)法律允许省级、市(地)级或县级政府在特定自然资源上代理行使所有权。

(3)在法律未授权的情况下,国务院自然资源主管部门可以直接行使自然资源所有者职责,或委托国务院相关部门或地方省、市级政府代理行使所有权。

从制度供给角度看,解决"依法授权"问题显得尤为重要。现行的《土地管理法》《矿产资源法》《草原法》《海域使用管理法》等法律明确规定由国务院代表国家行使所有权,但并未授权给相关部委。值得注意的是,2019 年修订的《森林法》第 14 条第 2 款中明确规定"国务院可以授权国务院自然资源主管部门统一履行国有森林资源所有者职责"。

此外,我们需要进一步明确是否所有自然资源都由国务院自然资源主管部门统一行使所有者职责,是否有例外情况;如有例外,则需"法律另有规定"。同时,对于国务院自然资源主管部门的直接代表职责及再委托授权职责,也需要法律法规的明确规定。

2. 重大理论问题

关于委托代理的性质、中央与地方关系处理以及代理链条过长的问题,特此展开讨论。

首先,关于委托代理的性质。在自然资源部统一行使全民所有自然资源资产所有者职责的新体系中,除部分职责由该部直接履行外,其余大量国有自然资源所有权需委托其他部门或地方政府代为行使。这引发了代理性质界定的问题。民法中的代理人在被代理人授权范围内代表其从事民事行为,并对被代理人产生法律效果。然而,现有改革措施与民法中的委托代理存在一定差异。《自然资源统一确权登记暂行办法》规定可对代理主体进行登记,并将产权证书发放给代理主体,这需要我们深入探讨如何准确界定委托代理的性质。

其次,关于如何妥善处理中央与地方的关系。按照目前的改革方向,部分重要的国有自然资源将由自然资源部直接管理。在此背景下,如何平衡中央和地方在自然资源方面的利益关系，是一个亟待解决的问题。

最后，关于如何避免委托代理链条过长、代理成本过高的问题。目前的部分改革构想和实践探索中，部分自然资源在由自然资源部委托地方政府行使所有者职责后，地方政府可能会进一步委托或授权给具体的职能部门。例如，未来的地方农垦国有农用地，可能存在自然资源部委托地方政府、地方政府再委托或授权给地方国有资产管理部门或下级地方政府的情况。为降低代理成本，我们应深入思考如何优化这一委托代理链条。[1]

第三节　不同权利主体之间的差异

一、国有农用地所有权行使主体的可能架构

国有农用地所有权行使主体的可能架构首先需要解决代表和代理的重大理论问题，之后还应考虑中央自然资源国家所有权行使主体改革的思路和具体部署，以及国有农用地所有权行使主体的实际情况。

（一）代表和代理的理论澄清

如果说国家所有权的代表和代理问题过去还曾是一个抽象的理论问题，那么今天已经变成了一个实实在在的、迫切需要解决的现实问题。近年来中央关于自然资源产权制度改革和统一确权的文件中，已经明确使用了委托、代理概念，且将代理与代表并用。

正如学者研究指出的，在国家机关行使国家所有权的理论问题上，历来存在"委托—代理说"和"代表说"两种不同观点。现在我国学者经常使用的"委托—代理"理论是经济学的产物。国家所有权行使的"委托—代理说"形成于我国经济体制改革初期，该学说认为国家所有权的行使是委托—代理问题，该委托—代理关系发生于两个独立主体之间。国家所

---

〔1〕 高海：《农垦国有农用地物权问题研究》，法律出版社2021年版，第20页。

有权行使的“代表说”，正式形成于我国实行社会主义市场经济体制以后，该学说认为，包括国务院在内的国家机关是代表国家行使所有权。实际上，可以认为“委托—代理说”是经济学界所持的学说，“代表说”是法学界所持的学说。这两种学说的根本分歧在于：代理人是独立于被代理人的独立主体，而代表人则被认为是被代表者的组成部分，本身不具有独立于被代表人的性质；代理人的独立主体性意味着代理人有着独立于被代理人的利益，而代表人则没有自己的利益可言；被代理人的授权是具体的、明确的授权，代理人应当按照被代理人的具体指示来行为，被代表者的授权往往是概括性授权，代表人依自己独立的意思而行为。[1]

从目前中央关于自然资源产权制度改革和统一确权的规定来看，基本的思路是在国务院名义代表之下，确立自然资源部为操作意义上的代表者，然后由自然资源部委托相关部委及地方政府作为代理主体，而地方政府接受委托后再委托下级政府或有关部门具体行使代理职责。毫无疑问，目前的代表者之下再设委托代理的具体架构，是经济学关于国家所有权“委托—代理说”的具体实践，这一理论在中国落地的主要障碍如下。

第一，与人们的普通观念冲突。虽然我国立法对国有资产的代表主体问题并未规定清楚，但在人们的普通观念中，实际行使国家所有权的机构就是国家所有权的代表。未来如果将地方政府行使国家所有权的行为界定为代理中央部门行使，人们恐怕难以接受。

第二，很难融入既有制度框架。既有的委托代理制度是由民法建立起来的，委托需要通过具体的委托合同，代理涉及三方当事人、属于法律行为、须以本人名义实施、法律效果直接对本人发生。与代理不同的是，代表行为范围不限于法律行为，代表行为在法律上被视为被代表人的行为。毫无疑问，经济学的“委托—代理”理论是很难融入民法代理制度的，与其更接近的是代表制度。事实上，即使按照民事代理制度构建，也

---

〔1〕 屈茂辉、刘敏：《国家所有权行使的理论逻辑》，载《北方法学》2011 年第 1 期。

不具有可操作性,因为中央代表主体不可能就具体事项明确授权,地方行为的后果也不可能归属于中央主体。

第三,导致国家所有权实现的链条过长、成本过高。按照目前的设想,代表主体有国务院和自然资源部,代理主体有部委、地方政府以及地方政府再授权的具体部门,此外还有实际占有、管理、使用自然资源的单位或个人。如果由法律直接授权中央和地方政府分别代表,至少可以减少中央部委授权地方政府这一环节,而中间环节越多、成本越高。

基于以上讨论,笔者认为,经济学意义上的"委托—代理"理论在法律上对应的是代表制度,而非代理制度。以"代表 + 委托—代理"构建我国的自然资源国家所有权代表和行使主体框架,在理论上说不清,在实践中行不通。可行的办法是在国务院统一作为名义所有权代表的基础上,由法律明确授权自然资源部和地方人民政府分别作为操作意义上的所有权代表。

(二)国有农用地及其所有权的实际行使

国有农用地除国有农场、国有林场、国有草场之外,尚有国家所有、交给集体使用的农用地。在国有农场、国有林场和国有草场内部,又实行不同的管理体制。

关于国有土地的所有权代表问题,在最能表征所有权的处分权能被释放或可能被释放之前,并不会引起过多的关注和讨论。改革开放之前的计划经济年代如此,改革开放之后从计划经济向市场经济过渡的早期也是如此。1986 年《土地管理法》并没有规定国有土地所有权的代表;1998 年《土地管理法》之所以在第 2 条第 2 款明确规定"全民所有,即国家所有土地的所有权由国务院代表国家行使",主要原因是在 20 世纪 80 年代末至 90 年代初,随着国有建设用地处分权能作用彰显,尤其是房地产开发的过热和无序,学界掀起了国有土地所有权代表的讨论热潮。

就国有农用地而言,其所有权的处分权能的显化与国有建设用地相比,在时间上要晚一些,在程度上也要弱得多。因此,在很长的时间里,谁占有使用国有农用地，谁就是事实上的国有农用地所有权代表，典型的例子就是，1983 年 11 月 19 日原农牧渔业部农垦局下发《关于在国营农场兴办职工家庭农场的意见》（〔1983〕农垦字第 216 号），明确称“国营农场的土地、草原、山林、水面等固定给职工家庭长期使用，但所有权仍属国营农场，职工不得变卖、出租或转让”。可以说，虽然 1998 年《土地管理法》明确规定国务院代表国家行使国有土地所有权，但该规定并没有真正完全落地，无论是国有建设用地还是国有农用地，由中央和地方政府分级代表行使所有权的事实在一定程度上没有改变。

近年来，国有农用地所有权行使代表问题再次成为讨论重点。究其原因，除了中央推进生态文明体制改革、自然资源产权制度改革和自然资源统一确权登记的需要外，农垦集团化、企业化改革催生的国有农用地所有权、处分权能显化需求是内生动力。在国有农用地所有权行使代表主体明确为自然资源部的背景下，如何结合国有农用地实际明确具体所有权行使主体，是一个亟须研究的重大命题。

（三）国有农用地所有权行使主体的未来可能架构

按照《生态文明体制改革总体方案》和《自然资源统一确权登记暂行办法》，自然资源部将对石油天然气、贵重稀有矿产资源、重点国有林区、大江大河大湖和跨境河流、生态功能重要的湿地草原、海域滩涂、珍稀野生动植物种和部分国家公园等直接代表国家行使所有权。另外，根据 2015 年中共中央、国务院印发的《国有林场改革方案》和《国有林区改革指导意见》，重点国有林区森林资源产权归国家所有即全民所有，国务院林业行政主管部门代表国家行使所有权、履行出资人职责。考虑到国有林场、草场的生态功能更为突出，市场化改革的潜力有限，以下仅探讨国有农场农用地的所有权行使代表问题。

从目前的中央改革部署看，国有农场农用地并不属于自然资源部直接代表行使所有权的范畴，未来的改革路径是自然资源部委托中央部门或地方政府代理行使所有权。如果中央不对目前的国务院名义代表主体、自然资源部行使代表主体、中央部门或地方政府代理行使主体的改革思路进行实质性调整，国有农场农用地所有权的代理行使主体无非在中央的农业农村部和地方政府之间进行选择。从理论和国家粮食安全的角度讲，自然资源部应当委托农业农村部作为中央直属的黑龙江农垦和广东农垦所辖农用地所有权的代理行使主体，委托新疆生产建设兵团作为其所辖农用地所有权的代理行使主体，其他则委托地方代理行使。但从现实来看，中央直属的黑龙江农垦已由财政部作为出资人，黑龙江农垦和广东农垦已经推行"部省双重领导，以省为主"的管理体制多年，如果将这两大垦区的国有农用地所有权代理行使主体确定为农业农村部，将会对现行体制产生重大影响。此时如何协调处理好改革与稳定的关系、中央和地方的关系，需要深入研究。

当然，如前所述，中央关于自然资源产权制度改革的精神要真正落地还面临不少理论和制度困惑。目前的名义代表主体、行使代表主体和代理行使主体的基本架构还有深入探讨的必要。笔者认为，参考世界各国自然资源管理多采用分级管理且控制权与决策权下沉的发展趋势，理想而又符合实际的做法应该是参照《企业国有资产法》关于企业国有资产所有权分级代表行使的做法，由全国人民代表大会专门就自然资源所有权代表主体问题进行立法，明确授权自然资源部和地方政府分级代表行使国有自然资源所有权，明确规定代表的权限范围和自然资源范围，同时明确名义代表主体和操作代表主体之间的关系，以及规定代表主体和实际拥有国有自然资源的国有农场、国有林场之间的权利义务关系。

二、国有农用地所有者代表主体的职责

（一）界定国有农用地所有者职责的基本思路

明确国有农用地的功能是确定其所有者代表职责的基础。国有农用地涵盖了国有耕地、国有林地和国有草地等多种类型，但其核心功能主要是维护国家生态安全、保障粮食供应和促进农业可持续发展。

国有耕地的主要功能是通过种植活动获取经济收益，但不同类型耕地的功能侧重点略有不同。例如，农垦系统的耕地在规模化、机械化的生产中承担着维护粮食安全的重要任务，而国有林场和国有草场则以保护环境和生态安全为主要职能。例如，2015 年《国有林场改革方案》明确指出，森林作为陆地生态的主体，对国家的生态安全、淡水安全等具有至关重要的作用。

在界定国有农用地所有者职责时，我们需要深入考虑现代土地所有权所涉及的权能。现代国家土地所有权的核心仍然是传统的民法所有权权能，如占有、使用、收益和处分等。然而，这些权利的行使必须基于公共利益并受到一定的限制，包括合理利用义务和有效管理责任。例如，英国在 1947 年《农业法案》中规定，土地所有者必须同意遵守善良财产经营规则，持有者必须同意善良耕作规则，以确保公共利益得到保障。

在界定国有农用地所有者代表职责时，我们必须关注国家所有权的公法权能。近年来，尽管民法所有权理论仍占据主导地位，但越来越多的学者开始认识到国家所有权所蕴含的公法权能。对于国有农用地来说，其所有者代表职责的界定应反映这一趋势。

在承认国有农用地所有权的公法权能的同时，我们还需要妥善处理所有者代表的职责与行政管理部门的职责之间的关系。由于当前机构改革方案并未设立独立的自然资源国资委，未来的国有农用地所有者代表可能同时承担行政管理职责。在这种情况下，如何区分并妥善履行这两种身份的职责，是一个值得深入研究的问题。

最后，我们需要明确国有农用地所有者代表职责与实际使用农用地的使用者的权利之间的区别。无论所有者代表最终由中央统一代表还是中央和地方分级代表来担任，都需要处理好与实际使用者的关系，确保权责分明、协调有序。

（二）所有者代表职责

在国有农用地中，耕地属于经营性国有资产，因此确定国有耕地所有者代表职责时应借鉴2008年《企业国有资产法》关于企业国有资产出资人职责的规定。根据该法,国有资产出资人主要行使资产收益、参与重大决策和选择管理者等权利,防止国有资产流失;同时,还需向本级政府请示重大事项决策,报告履行出资人职责的情况,接受本级人民政府的监督和考核,并对国有资产的保值增值负责;此外,还需定期向本级人民政府报告有关国有资产总量、结构、变动、收益等汇总分析的情况。

作为国有农场农用地的所有权代表,其职责包括行使出资人职责,保证国有农用地的用途不改变,尤其是基本农田不得擅自改变,以及维护国家粮食安全。此外,《企业国有资产法》未建立人民代表大会监督政府所有者代表制度,因此,在未来国有农用地所有者代表制度体系中,应赋予人民代表大会必要的监督地位。作为国有耕地的所有者代表,往往代表国家对众多国有农场履行所有者职责,因此立法权和管理权应当受到重视。但这里的立法权和管理权应仅限于国有耕地所有权独有的立法和管理权能,国家针对耕地的用途管制、规划控制等应属行政管理权的范畴。

对于国有林地和草地,其所有者代表的职责主要体现为公法权能的履行。由于其公益属性,所有者代表的职责主要是对其进行保护和管理。为了更好地履行这一职责,所有者代表需修订林地和草地保护法。[1]

---

〔1〕 屈茂辉、刘敏:《国家所有权行使的理论逻辑》,载《北方法学》2011年第1期。

第三章　农用地管理制度国际立法实践

为了进一步完善我国的农用地管理制度，本章将深入分析英国、法国、德国、意大利、西班牙、俄罗斯、美国和日本8个国家的农用地管理制度，并结合我国土地管理制度的特点，探究相关立法路径，以推动我国农用地管理制度的发展。

第一节　西欧部分国家的农用地管理制度

一、英国农用地管理制度

英国农村土地产权制度经历了从农民拥有不完整的土地权益到拥有完整的土地权益的漫长演变过程。在历史上，英国的“圈地运动”摧毁了封建土地所有制，使得劳动者与其生产资料分离，为英国农业资本主义的萌芽、发展和确立创造了条件。此项运动最为重要的社会成果之一，就是将原先分散、模糊、具有原始村社性质的土地产权形式，转变为集中、明晰的现代产权制度，形成了大地产所有权与使用权相分离的产权结构。

随着时间的推移，农村土地的占有权发生了大规模转移。自营农场的兴起与租佃农场的衰退，进一步证明了农村土地占有权已经从地主转移到了自营农场主手中。为了促进农业规模经营，英国政府在20世纪开始采取立法及提供补贴等措施，鼓励自营农场的发展。如今，自营农场已成为英国现代农业的基本经营方式。

根据英国的土地制度，土地实行私有制，法律规定所有土地归国王所有。国王将土地分给功臣与国民，他们对土地享有土地保有权。土地保有权有两种形式：一种是以契约或者居住、耕种等使用形式为基础，如果在他人土地上使用或者居住了12年，即视为这块土地为使用者保有；另一种则是通过协议确定土地的权利，即土地租用保有权。[1] 在20世纪50年代，随着佃农对农业投入的大幅增加，地主与佃农之间的关系逐渐转变为纯粹的土地租赁关系。

在英国，资产阶级革命后，资本主义的土地市场得以建立。在革命之前，英国对于农村土地保有权人的权利行使有着严格的限制。例如，1285年《赠与法》和1290年《土地完全保有权条例》均对土地转让作出了限制规定，这些法规不利于土地的交易和流转，制约了英国的经济增长。因此，英国在资产阶级革命后，制定和颁布了一系列法律法规，使农村土地的市场交易合法化，并简化了市场交易程序。值得一提的是，1925年英国颁布了多项法律，如《土地登记法》《土地授予法》《地产管理法》《财产法》《信托法》《土地负担法》等。这些法律的出台促进了土地产权交易，并充分保障了农民的土地权益。随后的《农业法》在1941年和1976年进行了修订，规定农场主可以选择终身获得土地租期，并可延长至农场主身后的两代人。

在英国的"圈地运动"后，政府为推动农村土地流转、实现农场规模化经营，在立法和财政补贴等方面采取了一系列措施并不断完善。例如，1967年《农业法》规定小农场合并的费用可由政府承担一半，同时为自愿放弃经营的小农场主提供2000英镑的补助金或终身每年不超过275英镑的年薪。此外，政府还制定了根据农场播种面积和销售数量提供差价

---

〔1〕 束雷：《英国土地利用与管理》，载《中国土地》2002年第2期。

补贴等政策。

英国是世界上最早通过规划立法限制土地开发的国家。1932 年《城乡规划法》规定所有土地的发展权归国家所有,任何开发土地的活动均须申请并获得开发许可。该法还要求地方规划当局制定弹性发展规划,任何类型的开发活动都必须得到地方规划当局的同意。此外,英国成立了中央土地局来负责相关事务。在具体的农用地管理上,英国在程序和权力方面对农地转用进行了限制:规划机关在审批开发申请时若涉及农地的用途变更利用,必须向农业部部长咨询;农业部只能陈述其主张,不得给予任何指示;若开发导致过多农地损失,环境大臣有权收回地方规划机关的申请核准权,以限制对农地的过度侵占。[1] 英国农业部门在农地转用方面主要承担咨询职责,其影响作用相对较小;相比之下,环境部门的影响力更为显著。

二、法国农用地管理制度

法国在农用地经营历史上,率先完成了从劳役地租到实物地租或货币地租的转变。在早期,地主主要采取"纳赋地"或"租地"的形式,将土地划分成小块出租给农民,这种租佃经营的小农经济占据主导地位。在 1789 年大革命后,法国的《拿破仑法典》关于继承的规定发挥了"土地切割机"的作用,进一步细化了农民的小块土地。

进入 20 世纪 20 年代,法国政府开始实施《农业指导法》,通过一系列政策措施,旨在促进农用地经营规模的扩大。这些政策包括合并小农场,扶持中等家庭农场的发展;实行区域整治,以合并或重新分配分散土地;建立土地整治与农村安置公司,进行土地收购和重新安置农民;等等。这些政策的实施,使得法国的农用地经营规模逐步扩大。

目前,法国存在两种主要的农用地经营制度:自有自营和租佃经营。

---

〔1〕 郭文华:《英国土地管理体制、土地财税政策及对我国的借鉴意义》,载《国土资源情报》2005 年第 11 期。

在法国南部，自有自营制度占据主导地位；在法国北方，租佃制则更为普遍，大型乃至巨型农场是主导，出租现象也相当普遍。随着时间的推移，佃农的权利和自由逐渐扩大，他们可以自由安排劳务和经营项目。在土壤改良的价值得到承认后，佃农在取消租佃关系时可以得到相应的补偿。这导致土地所有者的权利逐渐缩小，逐渐转变为单纯的土地出租人。

为了加强农场土地管理，法国颁布了多部法律。1946 年《租佃法》为所有者和佃农之间的契约关系提供了法律保障，限制了所有者单方面解除租佃关系的权利。佃农在所有者拍卖田产时享有优先购买权，并且在地租上涨方面也受到相应的保护。1960 年《农业指导法》颁布，其核心思想是改革农场结构并发展中等家庭农场。根据该法规定，中小规模家庭农场可以自愿结合，形成农业共同组合。这种自愿结合并非部分农场对另一部分的兼并，而是农场之间的合伙经营，保持土地所有权不变，合伙成员地位平等。此外，政府为每个经营组合提供资金支持。《农业指导法》还实行层级补助方法，按土地流转的性质和面积对农民进行补助。为了促进土地流转，政府除了对流出土地的农民给予财政补贴外，还对流入土地达到规模标准的农民提供优惠的信贷政策。1962 年《农业指导补充法》颁布，规定给予离开农村的农民发放终身养老金，退出的土地主要用于扩大农场规模。[1] 另外，法国农村实施了退休金制度，旨在解决土地集中引发的一系列社会问题。这一制度的实施，充分体现了法国政府对于农村社会问题的关注和重视，为农民提供了更加稳定和可靠的养老保障。

为确保农场土地的整治和管理，政府特此成立了非营利性质的土地整治与农村安置公司，并明确其为代表国家进行监督的股份公司。该机构的核心职责在于购买土地，经过专业整治后，再将符合条件的土地转让给需要的农民。为了促进农场规模的合理发展，政府运用财税杠杆，为中

[1] 戴蓬军：《法国农业政策的改革及启示》，载《农村经营管理》2003 年第 7 期。

等规模的农场提供贷款、税收等方面的优惠政策。

关于农用地的使用与转让,法国政府有着严格的法规要求。任何私有农用地都必须严格用于农业目的,禁止改变土地用途、弃耕、劣耕或占用农地建设。对于违规者,政府有权强制征购其土地或增加土地税。土地转让时,必须确保整体继承或出让,禁止进行土地分割。为了确保土地流通的规范管理,政府设立了土地事务所,将其作为专门的土地市场管理机构;土地转让或租契必须经过该机构的审批,未经批准的土地转让均视为无效。同时,土地事务所享有对小块土地的优先购买权,购买后经过整治和整合,再出售给有潜力的农民。通过这一系列的规范措施,农用地流转得以有序、健康地进行。

三、德国农用地管理制度

德国是一个农业大国,其农用地管理制度在欧洲乃至全球都具有一定的影响力。德国农用地管理制度的主要目标是确保农业用地得到合理利用,维护农村地区的社会稳定和生态环境。以下是对德国农用地管理制度的介绍。

(一)土地所有制

德国的农用地主要是私人所有,但也有部分土地属于国家和教会所有。在土地所有权方面,德国实行了土地私有制,土地所有权归个人所有。同时,政府也对土地所有权进行了一定的限制,如不能买卖用于非农业目的的土地。

(二)土地利用规划

德国政府非常重视土地利用规划,通过制定科学的土地利用规划,确保农用地得到合理利用。在规划过程中,政府会充分考虑当地的气候、土壤、水资源等因素,以及农业生产的特点和需求,对土地进行分类管理和利用。例如,将土地划分为种植区、养殖区、林业区等不同类型,以便更好地利用土地资源。

（三）土地保护和生态环境建设

德国政府十分注重农用地的保护和生态环境建设。政府通过采取一系列措施，如限制化肥和农药的使用、推广生态农业等，保护土地资源和生态环境。同时，政府还通过建立自然保护区、生态补偿机制等措施，进一步加强对生态环境的保护。

（四）土地流转和规模化经营

德国政府鼓励农用地的流转和规模化经营，以提高农业生产效率和农地资源的利用效率。政府采取了一系列措施，如建立土地流转中介机构、提供土地流转补贴等，促进土地流转和规模化经营。同时，政府还鼓励农民以合作社和家庭农场等组织形式，提高农业生产组织化程度和抵御市场风险的能力。

（五）政府监管和支持

德国政府对农用地管理制度进行严格的监管和支持，设立专门的机构负责农用地管理，并制定一系列法律法规，规范农用地使用和管理行为。同时，政府还通过提供财政补贴、税收优惠等政策措施，鼓励农民积极投入农业生产，促进农业发展。

总之，德国的农用地管理制度在维护农村地区的社会稳定和生态环境方面发挥了重要作用。通过科学的土地利用规划、严格的土地保护和生态环境建设、鼓励土地流转和规模化经营以及政府的监管和支持等措施，德国成功地实现了农用地的合理利用和管理。

四、意大利农用地管理制度

在意大利，农用地管理是一项复杂的任务，涉及多个政府机构和多部法规。农用地不仅关乎农业生产和食品安全，还与环境保护、文化遗产保护及乡村发展紧密相连。因此，意大利政府制定了一套全面而细致的农用地管理制度，旨在确保土地可持续利用和农业健康发展。

首先，意大利的农用地管理制度强调土地的合理规划和有效利用。

政府鼓励农民采取轮作、休耕等措施,保持土地的肥力和生态平衡;同时投入大量资金用于土地整理和水利建设,提高土地的抗旱抗涝能力。这些措施不仅有助于农业稳定生产,也有利于土地长期可持续利用。

其次,意大利的农用地管理制度重视农业合作社的作用。农业合作社作为一种重要的农业组织形式,在农用地管理中发挥着举足轻重的作用。合作社通过整合农户资源,实现规模化经营和品牌化销售,提高农产品的市场竞争力。同时,合作社还承担着技术推广、信息交流和质量控制等多项职能,为农户提供全方位的服务和支持。

再次,意大利的农用地管理制度强调对农业文化遗产的保护。意大利拥有丰富的农业文化遗产,如古老的灌溉系统、传统的农耕技艺等。为了保护这些文化遗产,政府制定了一系列政策和措施,如设立农业文化遗产保护区、提供专项资金支持等。这些措施不仅有助于保护农业文化遗产,也有利于促进乡村旅游和经济发展。

最后,意大利的农用地管理制度还强调对农业环境的保护。政府通过立法和执法手段,严格控制农业污染物的排放,加强对化肥、农药等农业生产资料的管理。同时,政府还鼓励农民采用生态友好的农业生产方式,如有机农业、生态农业等,以降低农业生产对环境的负面影响。

总之,意大利的农用地管理制度涉及多个方面,包括土地规划、农业合作社、农业文化遗产保护和农业环境保护等。这一制度不仅有助于保障农业可持续发展,还有利于促进乡村经济繁荣和社会进步。

五、西班牙农用地管理制度

西班牙农用地管理制度是一个复杂而精细的系统,旨在平衡农业发展和环境保护之间的关系。该制度主要涵盖以下几个方面。

西班牙的农用地大多为私人所有,但使用权可以转让或继承。政府对土地使用权的转让和继承进行严格监管,以确保土地可持续利用。为了实现农业的可持续发展,西班牙政府对土地进行了规划和分区。不同地区的土地用途受到严格的限制,例如生态保护区、水源涵养区等敏感地区严禁进行农业生产。为了保护土地资源,西班牙政府出台了一系列土地保护和修复措施。对于受到污染或退化的土地,政府会采取措施进行治理和修复,以确保土地的可持续利用。西班牙政府对农用地征收土地税,并根据土地的使用情况进行补贴。通过税收和补贴政策的调整,鼓励农民合理利用土地资源,提高土地利用效率。为了促进农业的规模化经营和现代化发展,西班牙政府鼓励农用地流转。政府制定了一系列的政策和措施,为土地流转提供便利和支持。

总的来说,西班牙农用地管理制度注重平衡农业发展和环境保护之间的关系,旨在实现土地资源的可持续利用。同时,政府在制度实施过程中采取了一系列具体的措施,确保制度的可操作性和可持续性。这些制度和措施为西班牙农业的现代化发展提供了有力的保障和支持。

第二节　俄罗斯的农用地管理制度

在苏联时期,农地所有制以公有制为主,具体包括国家所有和集体所有。这种公有制形式是通过国营农场与集体农庄的组织形式实现的。在那个时代,农地所有制的主要特点是公有化,而这种公有化又主要体现在国家所有和集体所有的土地上。国营农场和集体农庄就是在这样的所有制基础上建立起来的经营模式。

到了戈尔巴乔夫时代,情况开始发生变化。部分农民开始拥有土地,这些农民逐渐发展为首批家庭农场主。这是一个重要的转折点,因为这意味着农地所有制的公有化程度开始发生变化。随着时间的推移,这个变化逐渐加速。

叶利钦政府上台后,开始实施农地私有化改革。这项改革导致集体农庄和国营农场逐渐转型为农业企业,原本属于集体和国家所有的土地变成农民的私有财产。然而,这种私有财产的形式并不是传统意义上的土地占有,而表现为土地份额。也就是说,农民并不是真正拥有土地的所有权,而只是拥有一定比例的土地份额。

在农地私有化改革的过程中,农民们以入股的形式加入新成立的农业企业中,并继续作为农业企业的工人。值得注意的是,农民所获得的私有土地股份并无明确边界,而依据工龄、年龄进行平均分配。此外,这种股份无法退出或变现,在一定程度上限制了农民的土地权利。

1991 年 7 月,俄罗斯联邦通过了《关于国家企业和地方企业私有化法》等相关法律,明确规定实行农业私有化。这一法律的实施标志着农业领域开始全面走向私有化。在此背景下,土地和其他生产资料实现私有化,重新分配了土地并建立了土地市场。

1991 年 12 月,《关于俄罗斯联邦实现土地改革的紧急措施》(第 323 号总统令)发布,标志着俄罗斯在私有化过程中,农用地的国有和集体所有并未完全废除,国家经营和集体经营的农业模式仍得以保留。该法令的实施为俄罗斯的土地私有化改革提供了进一步的法律依据。

此后,随着时间的推移,俄罗斯的土地私有化改革逐渐深入。2001 年,《俄罗斯联邦土地法典》出台,规定农地进入流转市场前需进行登记,从而建立了农地交易市场机制。该法典的颁布对于俄罗斯的土地制度改革具有重要意义,为农地的合法流转提供了制度保障。

2003 年《俄罗斯联邦农场法》颁布,明确了家庭农场的概念、建立、成员、财产、经营等相关内容,确立了农地交易市场机制。该法还规定家庭农场成员需亲自参与生产和经营,这对于防止家庭农场的"非农化"和"非粮化"倾向具有重要意义。该法保障了公民建立家庭农场并进行经营的权利,为俄罗斯家庭农场的发展奠定了坚实的法律基础。

综上所述,俄罗斯的土地制度经历了从公有制到私有化的深刻变革。在这个过程中,农地的所有制形式、经营模式和产权关系都发生了根本性的变化。这些变化对于俄罗斯的农业发展和农村社会经济结构产生了深远的影响。

俄罗斯政府在家庭农场的运营管理上采取不干涉原则。[1] 俄罗斯联邦及各主要国家权力机关、地方自治机关,应避免对家庭农场的经营和其他业务活动进行干预,并需依据俄罗斯联邦小企业的相关法律,积极协助家庭农场的建立与经营活动;为保障家庭农场在财政和其他资源上获得支持,应充分利用社会经济的基础设施。俄罗斯政府为扶持小企业,已采取多项措施,包括增加对小企业的资金扶持、加大地方联邦主体的扶持力度、拓宽小企业贷款融资渠道、联邦和地方政府联合参与实施相关基础设施服务计划等,以完善小企业的发展硬环境。此外,俄罗斯政府还简化了行政审批手续、减少了政府干预、提供了税收优惠并降低了纳税额,同时实施鼓励小企业投身创新经济等举措。[2]

第三节　美国的农用地管理制度

美国的土地制度是一个复杂而多元的体系,其中包括国有土地和私有土地两种类型。私有土地是美国最典型的土地制度,大约占联邦政府土地的58%,主要分布在东部与中部地带。国有土地则主要涵盖了矿山、森林、草地、湿地等非耕地,占联邦政府土地的32%;州政府与地方政府土地占联邦政府土地的10%。

随着现代农业的不断发展,美国国有土地的比重呈下降趋势,私有土地的比重上升。在土地使用权制度方面,美国的国有土地主要以租佃的方式由农户或者农场主经营,实现了所有权和使用权的分离。私有土地则主要以自主自营的方式经营。

美国大部分土地为私人所有,但是家庭农场主的土地所有权是不完整的。政府对土地保有征用、规划、征收土地税等权利。然而,这种不完全的土地私有权制度并不妨碍清晰的农地制度的建立,因为各个权利主

〔1〕 肖鹏、裘少莹:《俄罗斯家庭农场法律制度研究》,载《世界农业》2016 年第 3 期。
〔2〕 刘雨欣等:《俄罗斯家庭农场发展历程与现状分析》,载《世界农业》2017 年第 2 期。

体的权利通过法律规范加以明确。

在国土规划方面,美国没有统一制定全国国土利用总体规划,各州一般也没有具体详细的国土利用规划。[1] 联邦政府主要通过制定相关的法律法规、政策来约束、引导、影响地方的土地使用及资源规划管理。相比制定规划,美国政府更重视市场手段在土地资源管理中的应用。美国联邦土地资源的管理和利用体系是行政与市场配置土地的混合体系。市场手段主要体现在建立明确的私人使用权和要求使用者支付合理的市场价值两个方面。法律上通常要求,使用公共土地及资源时要支付合理的市场价值,该价值主要通过竞标或经济评估确定。

在具体的农场管理上,美国政府通过土地所有权和使用权的分离,借助土地租佃等形式来扩大家庭农场经营规模。在家庭经营过程中,政府对国有土地只保留法律意义上的所有权及其相应的收益权,其他一切权益均归家庭经营主体所有,以此提高土地投入产出效率,为农村土地经营制度内在潜力的释放创造必要的契机与动力。

总的来说,美国的土地制度是一个多元化而且灵活的体系。它既保护了私有产权,又通过政府的引导和监管,实现了土地资源的合理配置和高效利用。这种制度安排不仅促进了农业的发展,也保障了整个国家的经济繁荣和社会稳定。

第四节 日本的农用地管理制度

日本现行的农地制度以土地私有制为主导,根据法律规定,私人可以拥有土地。然而,并非所有的土地都归私人所有,还有一部分土地归国家及地方公共团体所有。根据日本国土交通省土地建设产业局发布的2012 年度土地所有情况调查统计结果,国有土地面积占据了全国土地面

[1] 李茂:《美国土地利用规划特点及其对我国的借鉴意义》,载《国土资源情报》2009 年第 3 期。

积的19.9%;公有土地中,都道府县所有的土地占2.8%,市町村所有的土地占5.6%;国家和公有土地共计占据了全国行政面积的28.3%;居民个人和法人所有的土地面积占全国行政面积的43.3%,其他主体所有的土地占全国行政面积的28.4%。在地域分布上,三大都市圈中私人所有土地的比例高于地方圈的比例。这一现象产生的原因在于,国有和公有土地大部分位于山林和原野地区。[1]

日本与农地相关的法律体系是其法律制度中的重要组成部分,它主要涉及农业土地和土地利用两个方面。

一方面,农业土地法律体系是针对农用土地相关的各个方面进行规范的法律体系,主要包括《农法》《农业振兴地域整备法》等法律法规。这些法律对农业用地进行了详细的规定,包括土地的取得、使用、流转、保护等方面的内容。通过这些法律法规,日本政府旨在保护农民的权益,促进农业的发展,确保农产品的质量和安全。

另一方面,土地利用法律体系主要是针对土地的规划、开发和利用等方面进行规范的法律体系。它主要包括《土地基本法》《国土利用规划法》《新都市基盘整备法》等法律法规。这些法律对土地的利用进行了严格的规划和管制,以确保土地的合理利用和保护。同时,这些法律也涉及城市规划、基础设施建设等方面,以确保城市的可持续发展。

可见,日本与农地相关的法律体系是经过长期的发展和完善而形成的,旨在保护农民的权益,促进农业的发展,确保土地的合理利用。这些法律法规不仅对日本的农业和土地利用产生了深远的影响,也为日本的经济发展和社会稳定提供了重要保障。[2]

总的来说,日本的农地法律体系具有以下几个显著优点。

首先,农用地管理制度相当完备。自1938年颁布首部农用地法律

---

〔1〕 倪嘉:《日本的土地产权与土地收用制度》,山东大学2014年硕士学位论文,第10~27页。

〔2〕 梁书民:《日本的土地制度与农业政策及启示》,载《农业经济问题》2011年第9期。

《农地调整法》以来，日本已经相继推出了40多部涉农法律，这些法律对农地使用、管理、权利转移、用途变更以及土地改良整理等各个层面进行了全面覆盖。

其次，建立符合国情的农业经营体制。自第二次世界大战结束以来，日本逐步构建了以小型农户家庭经营为主的农业经营体系。在农业现代化的进程中，日本并未选择大规模企业化经营来取代小型农户的模式，而根据农户的实际经营行为、模式及状况进行分类，实施农业认定者制度。此举旨在积极培养主力农户，发挥其引领作用，带动其他农户共同发展。

再次，日本还全面推行了农业协同组合制度，将分散的农户组织起来，以增强其市场竞争力，促进农业的整体发展。在资金和技术方面，日本也给予农户大量的支持。

最后，采取多元化的公共管理工具，旨在提高农地的利用效率。日本的人口结构正面临高龄化和少子化的挑战，农业从业人口的平均年龄已达到68岁。这一趋势在一定程度上加剧了农地的闲置和抛荒问题。统计数据显示，日本的废弃农地面积从1975年的13.1万公顷扩大至2010年的39.6万公顷。[1] 为了应对这一问题，日本建立了一套户别补偿制度和差额补偿制度。该制度为农户提供定额的直接补贴，以及补偿销售价格低于标准价格的差额，旨在提高农民的种植积极性。此外，日本还设立了农用地保有法人制度，借助市场机制促进农地资源的流动。农用地保有法人作为公益性质的中间机构，负责将土地租赁或购买后，以合理的价格转租或出售给有意扩大农业经营的农户。在这一过程中，日本政府还提供了无息贷款等金融支持措施。

第五节　农用地管理制度国际立法实践总结

通过以上对特定国家的农用地管理制度的深入剖析，我们总结出以

[1] 吴晓佳：《日本农地管理制度及启示》，载《农村经营管理》2011年第3期。

下立法实践路径。

首先,这些国家在农用地流转方面采取了合理措施,制定了统一的土地流转合同文本,并建立了登记备案制度。这一举措不仅规范了土地流转行为,还保持了农用地流转的合法性和规范性。为推进农用地流转,这些国家还成立了土地流转机构,降低了土地流转过程中的制度博弈和福利成本,并为流转双方提供了政策宣传、流转咨询、纠纷调解等服务。

其次,这些国家积极运用财政金融手段,促进农用地规模化经营;为农业规模经营者提供税收优惠,并为农业经营者提供贷款支持。在此基础上,这些国家尝试了多种农业经营方式,引导农业经营者建立专业合作社或农业产业化企业,提高了农业生产集约水平。同时,这些国家还加强对种植大户的专业培养,引进现代管理方式,提高农业的现代化经营水平。

再次,这些国家通过提高农用地退出补偿,引导进城落户或不再以农业为主的经营者自愿、积极退出农用地。这一措施促进了农用地的优化配置,促使农用地转给更有耕作能力的农业经营者。

复次,政府在这些国家的农用地管理中发挥着重要作用。政府赋予农用地经营者参与土地规划和征用的权利,并为其提供技术引导等服务。在将土地规划编制纳入政府统一规划布局时,这些国家采取合理方式征得农用地经营者的意见,做好协调和完善工作。赋予农用地经营者规划和征收参与权,可以减少地方规划冲突与用地指标冲突。同时,政府还加强了对农业经营者的教育,为培养精英农业技术人员提供保障。

最后,这些国家在防止农用地"非农化"方面有成功的经验,在农业规模化发展过程中注重防止农用地受到非农产业的侵蚀。若农业经营者不按照法律的要求使用土地,导致土壤污染或肥力下降,政府会责令其进行整改,甚至强行收回土地。

综上所述,我国在完善农用地管理制度时可以充分采用以上立法路径,通过不断完善相关政策法规、加强监管力度、提高农业经营者的素质和能力等途径,来促进我国农用地管理制度的持续发展。

第四章　国有农用地使用权

第一节　国有农用地使用权的概念与性质

国有农用地使用权这一概念源于2015年《中共中央、国务院关于进一步推进农垦改革发展的意见》。关于这一权利的属性，学术界存在不同看法。有人主张国有农场应拥有独立的国有土地使用权，并就其是否为物权或债权展开了讨论。也有观点认为，国有农场并不真正拥有独立的国有农用地使用权，而是作为国有农用地所有权的代表来行使权利。

一、国有农用地使用权的概念

无论是学界还是法律体系中，一直未形成国有农用地使用权的明确界定。这有多方面的原因：一方面，与农村土地问题相比，国有农用地的人地矛盾相对和缓，因而国有农用地的研究长期处于土地政策与学术研究的边缘；另一方面，国有农用地（耕地）仅占耕地面积的约1/20，也增加了国有农用地获得关注的难度。[1]

毋庸置疑，农垦国有农用地在保障粮食安全和维护边疆稳定方面具

---

〔1〕 桂华：《论社会主义地利共享秩序及其制度实现——兼评〈土地管理法〉修订》，载《社会科学》2018年第6期。

有重要的作用,农垦国有农用地的高效集约利用又是实现我国农业现代化的重要条件。因此,有必要从实践出发,结合当前的民法理论,明确国有农用地使用权的概念。明确国有农用地使用权的概念,须先明确何为国有农用地。顾名思义,国有农用地即属于国家所有的用于农业用途的土地,主要由计划经济时期国家划拨给农垦企业、国有农场、生产建设兵团等国有单位开垦利用的土地形成。国有农用地的界定可以从公有制类型和土地用途两个方面进行分析。

首先,依据公有制类型的不同,我国农用地可以分为农民集体所有的农用地和全民所有的农用地,后者又称国有农用地。2018 年《宪法》第 10 条第 1 款、第 2 款规定:“城市的土地归国家所有。农村和城市郊区的土地,除由法律规定属于国家所有的以外,属于集体所有;宅基地和自留地、自留山,也属于集体所有。”2019 年《土地管理法》第 9 条规定:“城市市区的土地属于国家所有。农村和城市郊区的土地,除由法律规定属于国家所有的以外,属于农民集体所有;宅基地和自留地、自留山,属于农民集体所有。”2020 年《民法典》第 249 条规定:“城市的土地,属于国家所有。法律规定属于国家所有的农村和城市郊区的土地,属于国家所有。”

其次,根据 2019 年《土地管理法》第 4 条关于土地用途分类的规定,土地分为农用地、建设用地和未利用地。农用地是指“直接用于农业生产的土地,包括耕地、林地、草地、农田水利用地、养殖水面等”。未利用地是指农用地和建设用地以外的尚未开发利用的土地,在开发后可以转变为农用地或者用于建造建筑物、构筑物的建设用地。

综上,结合我国《宪法》《土地管理法》《民法典》等相关规定,可以从所有权归属和土地用途类别两个方面定义国有农用地。国有农用地具体是指位于农村或城市郊区用于种植业、林业、畜牧业、渔业等农业用途的由国家享有所有权的耕地、林地、草地、养殖水面等土地,包括开发后可农用的国有未利用地。与农村集体农用地相比,国有农用地所有权属于国家,农场拥有使用权;而农村集体农用地所有权属于农民集体所有,本集体经济组织成员享有农地承包经营权。

国有农用地使用权因国有农用地的社会实践需要而产生,其内涵与外延也随着历史实践的发展而不断演变。在中华人民共和国成立之初,国有农场"政企合一",国有农用地尚未实现所有权与使用权的分离,自然无国有农用地使用权一说。改革开放之后,国有农用地朝着市场化的方向改革,国家将农垦国有农用地通过划拨的方式确定给农垦系统的国有企业(如国有农场、兵团团场等单位)使用,从而形成了国有农用地使用权。20 世纪 80 年代,农垦国有农用地借鉴农村家庭联产承包责任制,形成了"大农场套小农场"的双层经营体制。就法律层面而言,"国有农用地使用权"这一概念并未在法律中呈现,如 1986 年颁布的《土地管理法》和原《民法通则》中,均未明确提出国有农用地使用权这一术语。2001 年《国务院办公厅转发〈国土资源部、农业部关于依法保护国有农场土地合法权益的意见〉的通知》和 2008 年《国土资源部、农业部关于加强国有农场土地使用管理的意见》(国土资发〔2008〕202 号)均明确使用了"国有农场土地使用权"的概念,要求加快国有农场土地使用权确权发证,依法保护国有农场土地使用权,即均以农场为农垦国有土地的直接使用权人。国有农用地使用权最早出现在部门规章之中,2008 年施行的《土地登记办法》(国土资源部令第 40 号)首次提出"国有农用地使用权"这一概念;2015 年《中共中央、国务院关于进一步推进农垦改革发展的意见》也使用了"国有农用地使用权"这一术语。

1991 年《法学大辞典》将土地使用权定义为"依照法律规定或合同约定对一定面积的土地进行利用的权利"。《北京大学法学百科全书》宪法学、行政法学分辑将土地使用权定义为"土地使用者按照法律或承包合同的规定对其土地所享有的占有、使用和获得收益的权利"。与集体农用地承包经营权不同的是,国有农用地使用权派生于全民所有的国有农用地。

综上,国有农用地使用权可以定义为国有农场等主体依照法定程序或依约定对国有农用地所享有的占有、使用、收益和部分处分的权利。因社会制度环境与实践需求的差异，国有农用地使用权具有不同的实践形态。依照国有农用地使用权的取得方式，可以将其分为划拨国有农用地使用权、出让国有农用地使用权、作价入资国有农用地使用权、授权经营国有农用地使用权等；依照使用期限的不同，可以分为有使用期限的国有农用地使用权和无使用期限的国有农用地使用权。

二、国有农用地使用权的性质

国有农用地使用权是否是一项独立用益物权，我国现行法律并未明确予以界定，学界亦对此存有争论。农用地权利的性质并不是静止的，而是在历史的演变中不断更迭，农用地权利属性的界定与特定历史阶段中农用地实践样态密切相关。我国集体农用地承包经营权性质的演变便是生动的例子。改革开放之初，集体农用地承包经营权尚为债权性质，承包期短暂，权能有限；后来随着市场取向改革的进一步深化，土地承包经营权进一步发展，在实践中呈现出物权的样态，并在 2007 年《物权法》和 2020 年《民法典》等国家立法中得以界定和实现。农垦国有农用地则经历了所有权与使用权合一到所有权与使用权分离的转变。这一转变基于市场取向的改革以及商品经济的快速发展。

在改革开放之前，我国实行计划经济管理体制，国家对国有农场“统收统支”；国有农场对国有农用地没有独立的支配权，是一个依附于国家行政机构的生产单位，不是一个独立的经济主体。此时，国有农场仅代表国家意志使用国有农用地，“以国家土地所有权直接行使者的身份对土地加以利用”，国有农用地使用权并未从所有权中独立分化出来。换言之，农场土地使用权是国有农场完成国家计划的必要生产要素，是界定生产单位利用土地的工具，而非国有农场拥有的财产。总之，在改革开放之前，国有农用地尚未发生权利分化，国有农场并不享有独立的土地使用权。

1978年,党的十一届三中全会明确将党和国家的工作重心转移到社会主义现代化建设上来。随着改革的推进,国有农用地使用权从所有权中分化出来,实现了"两权分离"。这一权利的分离与农村集体农用地的"两权分离"相伴相随。1979年10月,原农垦部在武汉召开国营农牧场经营管理会议,确定生产队恢复以"定、包、奖"为主要内容的责任制,在生产队内部实行"任务到组、责任到人、定额计分、以分计奖"的责任制。在"大包干"经营制度下,国家仍保有农用地所有权,各地的国有农场自负盈亏,获得了较大的经营自主权;农业经营则下放到生产队和组,职工直接参与生产。1979年《国务院批转〈财政部、国家农垦总局关于农垦企业实行财务包干的暂行规定〉的通知》提出:"对农垦企业实行独立核算,自负盈亏,亏损不补,有利润自己发展生产,资金不足可以贷款的财务包干办法。"1979年原农垦部颁布《国营农场工作条例(试行草案)》,提出国营农场具有经营的自主权。国营农场享有独立使用国有农用地的自主权,使国营农场由依附于国家、单纯执行国家意志、不能独立承担经济责任的农业生产辅助单位质变为独立经济实体,成长为独立于国家的承包合同的一方当事人。国有农用地的使用权随之从国有农用地的所有权中分离了出来,借以实现国有农场的独立管理和经营。

随着农垦改革的逐渐深入,国有农用地使用权越发独立,"两权分离"日益深化。国有农用地使用权在实践中已经呈现出一些用益物权的样态,具体表现如下。一是国有农场对国有农用地使用权的支配性契合了用益物权的本质属性,同时国有农场有权取得国有农用地使用权收回之土地补偿费契合了只有物权被征收才能获取土地补偿费的原《物权法》规定。例如,2009年《国土资源部办公厅、农业部办公厅关于收回国有农场农用地有关补偿问题的复函》(国土资厅函〔2009〕850号)中明确规定:"国有农场土地归国家所有,但国有农场享有土地的长期使用权,土地补偿费应当给予国有农场。"二是在实践中,农垦国有农用地使用权抵押契合了只有物权才能作为权利抵押客体之原《担保法》、原

《物权法》的规定。[1] 例如,2004 年《国土资源部关于划拨国有土地使用权抵押登记有关问题的通知》(国土资发〔2004〕9 号)规定:"以国有划拨土地使用权为标的物设定抵押,土地行政管理部门依法办理抵押登记手续,即视同已经具有审批权限的土地行政管理部门批准,不必再另行办理土地使用权抵押的审批手续。"又如,2015 年《中共中央、国务院关于进一步推进农垦改革发展的意见》提出"开展农垦国有农用地使用权抵押、担保试点"。三是从确权登记的角度而言,国有农用地使用权已经具备用益物权的属性。2019 年《不动产登记暂行条例实施细则》第 52 条第 1 款将国有农场作为国有农用地使用权的主体开展使用权的登记。在安徽农垦、海南农垦的实践过程中,农垦国有农用地的确权也是以国有农场为使用权主体确权登记发证。这契合了 2020 年《民法典》第 209 条规定的不动产物权应当登记的规则,使农垦国有农用地使用权具备了成为一项用益物权的登记条件。

但是,依照"物权法定"原则,国有农用地使用权若为用益物权,其权利内容应在全国人民代表大会或其常务委员会颁布的法律中予以明确。例如,农民集体土地承包经营权、建设用地使用权等物权属性便在 2007 年《物权法》和 2020 年《民法典》中予以明确。可惜,无论是原《物权法》还是《民法典》,并未出现"国有农用地使用权"一词。显然,在法律体系中,国有农地使用权尚未被明确界定为用益物权;但是在实践中,国有农用地使用权已经呈现出用益物权的属性。

综上,只有将国有农用地使用权界定为用益物权,才能满足当前国有农用地经营管理的需求,满足农垦国有农场改革的需要。国家应遵循"物权法定"的原则,使国有农用地使用权在《民法典》中得以表达,以调节国有农用地经营管理中产生的权利关系,推进农垦国有农场的市场化

〔1〕 高海:《农场国有农用地使用权的权利属性与物权构造》,载《法商研究》2015 年第 2 期。

改革。[1]

(一)农垦国有农用地使用权的生成

根据相关法律法规,土地所有权限于国家所有权和集体所有权两种形式,个人并不拥有土地所有权。因此,农垦国有农用地所有权属于国家所有权的一种具体表现。在农垦国有农用地的使用过程中,所有权与使用权经历了从“两权合一”到“两权分离”的演变。在“两权分离”的体制下,农垦国有农用地使用权成为一项独立的财产权利。

1.“两权合一”到“两权分离”的演变过程

在改革开放之前,我国采用的是计划经济体制,国有农场严格依照国家的生产计划进行工作。在那个时期,农场并没有自主权,既没有权利也没有责任,只是代表国家行使国有农用地的使用权,并接受国家的直接控制,主要起到农业生产辅助的作用。值得注意的是,国有农场通过划拨方式获得的国有农用地使用权,本质上属于所有权的一种表现形式,但并未成为独立的权利。

随着改革开放的推进,国家的工作重心转向了社会主义现代化建设。为了解决农垦企业在处理国有农用地方面所面临的困境,国家制定并发布了一系列文件。这些文件促使国有农用地使用权从所有权中分离出来,实现了“两权分离”的重要变革。随着改革的深入,“两权分离”的格局逐渐稳固。为了从法律和政策层面支持这一变革,诸如《土地管理法》《森林法》《草原法》等法律及多项规范性文件相继出台,对“两权分离”予以确认。

通过查阅黑龙江省建三江人民法院2016年以来的多份行政判决书,我们发现当国有农场与农户之间发生土地权属争议时,国有农场通常作为诉讼的一方当事人出现。这一现象表明,“两权分离”已经在实践中得到了广泛的认可和应用。

---

〔1〕 申建平、周波:《农垦国有农用地使用权性质研究》,载《学术交流》2023年第3期。

2.“两权分离”的效果

在分析“两权分离”的机制时，我们应认识到其对于农垦国有农用地所有权的有益影响。农垦国有农用地使用权存在期限限制，最高可达50年，并在期限届满后有续期和重新发包的制度安排。这种安排确保了农垦国有农用地所有权的恒久性，防止了所有权被虚置的风险。同时，农垦国有农用地所有权作为自物权，为农垦国有农用地使用权提供了基础，使其成为一种母权。在派生出农垦国有农用地使用权后，国有农场只能在宗地上进行农业生产作业，不得改变其农业用途。这表明农垦国有农用地所有权并未因部分权能的分离而消失，而是通过分离的方式更好地实现了权能的运作。

在考虑“两权分离”的必要性时，我们应关注其对于减少破坏性、增强规范性和流转性的贡献。首先，“两权分离”减少了破坏性。如果不承认农垦国有农用地所有权的独立行使，国有农场经营预期的不确定性将增加，可能导致短期行为的出现。“两权分离”能够减少这种不确定性，从而减少对土地资源的破坏性行为。其次，“两权分离”增强了规范性。权利与义务的对应关系在此得到体现，只有赋予国有农场独立的权利，才能明确其应承担的义务，进而规范其经营行为。最后，“两权分离”增强了流转性。如果不赋予国有农场独立的权利，则该权利无法作为融资客体，国有农用地也无法进行流转。“两权分离”能够增强土地资源的流转性，更好地实现资源的优化配置。

（二）农垦国有农用地使用权性质

在研究农垦国有农用地使用权的权利属性时，笔者选取了北大荒农垦集团作为样本。通过细致考察划拨和承包经营两种模式，结合物权法定原则缓和说，深入剖析了该权利属性的法律特征和实际影响。这一研究不仅有助于全面理解农垦国有农用地使用权的法律地位，同时也能为相关法律法规的完善提供有益的参考。

1.农垦国有划拨农用地使用权具有物权属性

在北大荒农垦集团所辖的广大土地上,我们看到了一幅独特的画卷。这片广袤的土地,共计6943.5万亩,其中大部分是通过划拨方式获得的国有农用地,占据总面积的81.33%,达到了5647.5万亩。

在这里,一个值得深入探讨的话题是农垦国有划拨农用地使用权与国有划拨建设用地使用权的内在关联。在笔者看来,国有划拨建设用地使用权对农垦国有划拨农用地使用权的物权属性的探究有着重要的参考价值。

当我们深入研究权利制度设计时,会发现农垦国有农用地使用权与建设用地使用权之间存在诸多相似之处。随着近年来垦区的改革与发展,国有农场已逐渐转型为企业化经营模式,不再是传统的国家行政机构。在这种背景下,农场利用的国有农用地成为其重要的生产资料。这些土地的使用权依据是农垦国有农用地使用权,而非所有权的一项权能。更重要的是,这片土地只能用于农业活动,不得改变其原始用途。除了具体的利用方式存在差异外,农垦国有农用地使用权在设立、取得、流转和消灭等方面均可作为建设用地使用权的参考。

进一步探究权利的产生机理,我们发现农垦国有农用地使用权与建设用地使用权也存在相似之处。建设用地使用权作为地上权的一种形式,其前提是承认土地所有权和土地上建筑物的所有权分属不同主体。这与农垦国有农用地使用权的产生机理不谋而合。农垦国有农用地使用权由国有农场享有,这既是垦区改革的明确目标,也是推进土地资源资产化和资本化的必然要求。尽管建设用地使用权在流通方式和范围方面相对灵活,但农垦国有农用地使用权因其强烈的国有属性色彩,在流转能力上受到了严格限制。

此外,从权利行使机制的角度观察,农垦国有农用地使用权与建设用地使用权也存在相似之处。建设用地的使用权人可以在建设用地上从事商业经营活动,而国有农场则在其农垦国有农用地上从事合法的、受保障的农业生产经营活动。然而，与建设用地使用权的多样化利用目的不同，为了确保国家粮食安全，农垦国有农用地使用权的行使范围被严格限制在农业生产经营领域内。

综上所述，尽管农垦国有划拨农用地使用权与国有划拨建设用地使用权在某些方面存在差异，但它们在制度设计、产生机理和行使机制等方面仍有许多相似之处。这些相似之处为我们提供了一个有价值的参照点，有助于进一步明确农垦国有划拨农用地使用权的物权属性。

2. 农垦国有承包经营农用地使用权具有物权属性

北大荒农垦集团在其广袤的农用地中，有 1296 万亩是通过承包方式获得的，占据总面积的 18.67%。以北大荒农垦集团下属的黑龙江北大荒实业股份有限公司为例，该公司在获得原国土资源部的批准后，合法地以承包经营的方式，持有了 24 万公顷的国有可垦荒地以及 62.4 万公顷的国有耕地，使用期限设定为 50 年。这个过程涉及一系列严谨的法律流程。北大荒农垦集团首先与黑龙江省土地管理局签订了《国有土地承包合同》，确保了土地使用的合法性。随后，北大荒农垦集团与黑龙江北大荒实业股份有限公司签署了《农业承包协议》，进一步明确了双方的权利和义务。最后，黑龙江省土地管理局为黑龙江北大荒实业股份有限公司办理了国有农用地使用权他项权利登记，完成了所有权的转移。

经过这样的流程，北大荒农垦集团的国有农用地使用权中的“承包经营”，是在国有农用地所有权行使层面进行的。这意味着由政府部门直接发包产生的承包经营方式，是北大荒农垦集团国有承包经营农用地使用权的基础。这完全符合《民法典》第 343 条的规定，即国家所有的农用地实行承包经营的，参照适用该法物权编的有关规定。因此，北大荒农垦集团的国有承包经营农用地使用权不仅是合法的，而且具有坚实的法律保障。

3. 农垦国有农用地使用权纳入物权范畴的正当性

首先，将农垦国有农用地使用权纳入物权范畴，这与《中共中央、国务院关于进一步推进农垦改革发展的意见》的精神相契合。在该意见中，农垦国有农用地使用权被视为一项独立的权利,并被允许通过抵押等方式进行流转。由此推断,将农垦国有农用地使用权定性为物权,符合该意见的精神,因为物权的行使与流转不受其他权利的制约。

其次,从私权生成逻辑的角度来看,农垦国有农用地使用权的形成路径也符合他物权的生成逻辑。作为他物权的一种,用益物权是建立在所有权基础上的,而自物权则是他物权的基础。在这个意义上,将农垦国有农用地使用权定性为物权是符合私权生成逻辑的。

最后,将农垦国有农用地使用权定性为物权,也与其权利主体与内容的明确性相符合。在北大荒农垦集团辖区内,各国有农场是农垦国有农用地使用权的主体。同时,该使用权具备完整的占有、使用、收益及部分处分权能。

综上所述,将农垦国有农用地使用权定性为物权是合理的,并在此基础上分置出债权性质的农垦国有农用地经营权。这种制度设计既保持了农垦国有农用地使用权的完整性,又可通过灵活的债权性流转方式发挥其融资功能。这种“流转权利却不失去权利”的制度设计,将极大地减少实践中的阻碍,消除对国有农场失去国有农用地使用权的顾虑。

4. 农垦国有农用地的权利结构

首先,农垦国有农用地所有权派生出农垦国有农用地使用权,这遵循了他物权的生成逻辑,并与农垦改革精神相符。因此,二者的法律关系应依据现有法律规范进行调整,无须赘述。

其次,农垦国有农用地经营权是由农垦国有农用地使用权分置产生的,这符合私权生成的逻辑。在保持农垦国有农用地使用权物权属性的前提下,可以通过流转分置出农垦国有农用地经营权。流转是农村集体土地“三权分置”中土地承包经营权与土地经营权分置的法律事实,并已得到立法确认。然而,根据 2019 年施行的《农村土地承包法》第 47 条的规定,承包方有权用承包地的土地经营权向金融机构融资担保。这意味着担保客体均为土地经营权,且在流转前已经产生。如果坚持认为流转是土地承包经营权与土地经营权分置的唯一法律事实,那么2019年施行的《农村土地承包法》第47条的规定便失去了适用依据。但对于导致上述权利分置的法律事实究竟是什么,《农村土地承包法》并未作出明确规定。笔者认为,其应为“设置”,即在土地承包经营权上设置了土地经营权。同理,“设置”也可以成为农垦国有农用地使用权与经营权分置的法律事实。国有农场可以在农垦国有农用地使用权上为自己或第三人设置农垦国有农用地经营权;为自己设置农垦国有农用地经营权后,可以将农垦国有农用地经营权进行抵押。在抵押权实现时,抵押权人取得的并非农垦国有农用地使用权,而是农垦国有农用地经营权。这样,农垦国有农用地使用权的权属关系未发生变动,有利于保障国家的粮食安全。为第三人设置农垦国有农用地经营权,从法律逻辑上讲,就是与第三人签订农垦国有农用地经营权流转合同,将农垦国有农用地经营权流转给第三人。其结果是第三人获得农垦国有农用地经营权,而农垦国有农用地使用权的表现形式由之前的占有、使用、收取自然孳息转变为收取法定孳息(租金)。此时的农垦国有农用地使用权可以理解为流转农垦国有农用地经营权后的剩余权利,但权利性质以及利益归属并未发生变化,仅是国有农场将土地的使用收益权交给第三人。

最后,需要具体分析农垦国有农用地所有权与农垦国有农用地经营权的关系。一方面,农垦国有农用地所有权与农垦国有农用地经营权之间不存在直接派生关系,两个权利之间原则上不发生直接的法律关系。农垦国有农用地使用权是否流转以及流转的方式由国有农场自主决定,无须征得农垦国有农用地所有权人的同意。可见,在“三权分置”之下,农垦国有农用地所有权人对债权性质的农垦国有农用地经营权的设置已无法产生直接影响。另一方面,农垦国有农用地经营权人需要与国有农场签订农垦国有农用地经营权流转合同。该合同约定的期限不能超过农垦国有农用地使用权的期限,合同约定不能改变国有农用地的用途。此外,合同中需明确规定农垦国有农用地经营权人的权利和义务。

5. 物权法定原则形式要件缺失的破解路径

针对农垦国有农用地使用权定性为物权的问题，物权法定原则形式要件的缺失成了一个难题。有学者提出在《民法典》物权编中规定物权法定缓和，以解决这个问题。《民法典》第 388 条第 1 款的规定体现了缓和物权法定的立场，具体表现为扩大了担保合同的范围。

在没有明确的法律确立农垦国有农用地使用权的物权属性之前，可以通过物权法定原则缓和的设计与适用，确立其物权属性。有学者认为，在一定条件下承认习惯上的物权符合经济关系法律化过程，《民法典》第 10 条将习惯确立为民法法源之一，为物权法定原则的缓和创造了契机。

一方面，从权利的公示方式来看，农垦国有农用地使用权可以进行确权登记，这证明了其符合我国不动产物权公示的要求和规定。《民法典》物权编的基本原则之一是公示公信原则，其中公示原则要求所公示的是物权而非其他权利。这是因为物权是对抗一般人的权利，具有排他性。只有通过一定方式让不特定义务人了解权利的存在，才能有效防止不特定义务人侵害或者干涉物权事实的发生。农垦国有农用地使用权通过确权登记的方式进行公示，显然已经具备了物权属性。

另一方面，农垦国有农用地使用权不仅具有占有、使用、收益的权能，还有一定的处分权能。这使得其从权利行使的机制上来看已经具有物权属性。例如，《民法典》第 395 条规定的可抵押财产的范围显示，权利抵押的标的只能是拥有所有权和用益物权的权利。此外，2019 年施行的《农村土地承包法》第 47 条第 1 款规定土地经营权融资担保而非直接明确土地经营权抵押，正是考虑到土地经营权性质的差异；如果不考虑这种差异，法律完全可以直接规定土地经营权抵押。《中共中央、国务院关于进一步推进农垦改革发展的意见》第 13 条的规定没有采用融资担保的表达方式，也印证了农垦国有农用地使用权的物权属性。

人们在长期的生产生活实践中形成的行为规则已经被国有农场接受并遵循，这体现了农垦群体的共同意志。这些行为规则可以视为习惯，结合物权法定原则缓和之适用,可以满足将农垦国有农用地使用权确认为物权之物权法定原则的要求。

(三)农垦国有农用地使用权物权属性的实践价值

在实践操作中,农垦国有农用地使用权的物权属性是确保农垦改革精神得到有效贯彻的重要因素。这种物权属性有助于推进现代农业的规模化经营,同时也有助于稳定国有农用地使用权人的经营预期。因此,将国有农用地使用权定性为物权是非常必要的,实践价值具有如下。

1. 有效贯彻中央关于农垦改革的精神

在农垦改革中,中央明确提出了"创新土地管理方式"的要求,其核心在于推进农垦土地资源资产化和资本化。农垦国有农用地使用权的物权化是实现这一目标的关键,不仅可以贯彻落实中央的政策精神,还可以有效避免土地被随意侵占的情况。

首先,农垦土地资源资产化的推进变得可行。以北大荒农垦集团为例,作为财政部出资的中央直属垦区,由于法律上对国有农用地使用权的规定不明确,因此其在土地资产处置方面存在法律风险,进而影响不动产权证的换发工作。明确使用权属性后,将使北大荒农垦集团的土地资产处置有法可依,有利于国土资源管理部门对土地进行准确评估,从而顺利完成不动产权证的换发工作,实现农垦土地资源资产化。

其次,农垦土地资源资本化的进程将得到推动。将农垦国有农用地使用权分置出的经营权定性为债权,能够最大限度地发挥制度的稳定性。设定抵押后,抵押权人在实现抵押权时,仅将农垦国有农用地经营权流转给他人,农垦国有农用地使用权的性质以及利益归属没有改变,仍然是一项完整的权利。这样的权利体系构建可以确保国有农场享有农垦国有农用地使用权的长久性与稳定性,消除对土地使用权抵押的顾虑,避免出现抵押权人在实现抵押权时取得农垦国有农用地使用权、改变土地用途的情况,从而保障国家的粮食安全与农作物的有效供给。

最后,有利于避免农垦国有农用地被随意侵占。物权的排他性和公示公信原则确保了权利人在行使物权时不受他人干涉。通过公示，不特定的第三人知晓农垦国有农用地使用权的存在，便负有不得侵犯使用权的义务，否则应承担侵权责任，这将有效避免土地被随意侵占的现象。

2. 有助于实现现代农业规模化经营

在现代农业领域，规模化经营具有显著的优势，能够有效降低生产成本，并提高生产效率。以北大荒农垦集团建三江分公司为例，其辖区内1231 万亩的耕地以及 15 个国有农场土地的集中连片，都为规模化经营提供了得天独厚的条件。其中，七星农场“万亩大地号”的 1.5 万余亩耕地已率先实现无人化作业，充分展现了规模化经营的先进性和高效性。

然而，当前国家并未直接允许农垦国有农用地使用权的自由流转。主要担忧在于此举可能导致国有农场失去农垦国有农用地使用权，进而引发一系列社会保障和粮食安全问题。因此，对农垦国有农用地使用权的性质进行准确定位，成为解决这一难题的关键所在。

为了满足现代农业规模化经营的需求并解决农垦国有农用地流转问题，我们建议将农垦国有农用地使用权定性为物权。在此基础上，允许在农垦国有农用地使用权之上创设具有债权性质的农垦国有农用地经营权。这种方式既保留了国有农场的农垦国有农用地使用权，又促进了农垦国有农用地使用权的顺畅流转，从而确保国家的粮食安全。同时，国有农场与农垦国有农用地经营权人可通过流转合同明确彼此的权利和义务关系，进一步保障各方的合法权益。

3. 确保“三权分置”各方权利行使的稳定性

在农垦改革的重要任务中，保障国家粮食安全和重要农产品有效供给是至关重要的。为了实现这一目标，必须确保“三权分置”的稳定性，确保各方权利的稳定行使。权利体系的构建不能导致法律制度的混乱，也不能造成“三权分置”各方的心理不稳定，这有悖于农垦改革的初衷。

首先，就国有农场与农垦国有农用地所有权人的关系而言，国有农场在农垦国有农用地上享有占有、使用、收益及部分处分权能。只要不改变农垦土地用途,国有农场就可以正常行使权利,不受农垦国有农用地所有权人的干涉。同时,农垦国有农用地所有权并未被虚置,所有权的各项权能依然保持完整。

其次,就国有农场与农垦国有农用地经营权人的关系而言,国有农场通过签订流转合同的方式流转农垦国有农用地经营权,合同对双方当事人具有约束力。农垦国有农用地经营权人按照流转合同约定的内容在农垦国有农用地上开展规模化经营,正常行使权利,取得经营收益。如果农垦国有农用地经营权人擅自毁约或改变土地用途,国有农场可以要求其承担违约责任或基于物权请求权采取相应的救济措施。

综上所述,将农垦国有农用地使用权定性为物权,既能确保农垦国有农用地所有权的完整性,又可以通过流转分置出农垦国有农用地经营权,促进现代农业规模化经营。这一措施有利于稳定"三权分置"各方权利的行使,使农垦国有农用地权利体系更加合理化。

根据《中共中央、国务院关于进一步推进农垦改革发展的意见》的指示,农垦国有农用地使用权是一项重要的权利。随着时间的推移,所有权与使用权经历了从"两权合一"到"两权分离"的演变,使得农垦国有农用地使用权成为一项独立的财产权利。农垦国有划拨农用地使用权与国有划拨建设用地使用权在多个方面具有相似性。农垦国有承包经营农用地使用权,作为所有权行使层面的权利,直接源于所有权,属于《民法典》第343条规定的范畴,并具备物权属性。

将农垦国有农用地使用权界定为物权,对于构建完整的农垦国有农用地权利体系具有至关重要的作用。通过农垦国有农用地使用权的分置,产生农垦国有农用地经营权,这不仅维护了农垦国有农用地使用权的完整性,还通过灵活、简便的债权性流转方式,充分发挥了农垦国有农用地的融资功能。对于物权法定原则形式要件的缺失问题,可以通过该原则缓和的设计与适用予以解决。

在实践中,将农垦国有农用地使用权定性为物权,既能有效贯彻中央关于农垦改革的精神,也有助于实现现代农业规模化经营的目标,并确保国有农用地使用权人的稳定经营预期。

第二节 国有农用地使用权的取得

国有农用地使用权是国有农用地所有权派生出的权利。根据我国现行的法律法规及政策文件,国有农用地使用权的取得方式分为有偿取得和无偿取得两种。无偿取得主要指通过划拨的方式取得,而有偿取得则包括出让、作价出资、授权经营及承包经营等多种方式。

一、以无偿划拨方式取得国有农用地使用权

国有农用地的无偿划拨是获取使用权的主要途径,具有深厚的历史背景。在促进农业发展和安置复员、转业军人的过程中,国家进行了大规模的开荒活动。在计划经济的管理体制下,国家将国有农用地无偿划拨给国有农场、国有林场、生产建设兵团团场等国有单位,是为了支持他们的农业发展。例如,海南农垦就以划拨方式获得了大量国有土地。据统计,国家通过划拨荒山荒地的方式共划拨了 1095.38 万亩国有土地,占总面积的 82.48%,这成为海南农垦土地的主要来源。

此外,为了规范国有土地的使用和管理,我国在相关法律法规中明确了国有土地的使用权确认规定。根据《森林法》第 3 条第 2 款、《草原法》第 4 条第 3 款和《土地管理法》第 9 条第 2 款规定,依法确定给全民所有制单位使用的国有林地、国有草地等国有土地,应当由县级以上人民政府登记核发证书,确认使用权。虽然这些法律规定中未使用“划拨”一词,但实际上等同于划拨使用,因为这些土地的使用权是无偿且无期限的。[1]

---

[1] 高海:《论农垦国有农用地使用权的性质与构造》,载《农业经济问题》2019 年第 2 期。

二、以有偿方式取得国有农用地使用权

在国有企业改革的大背景下，国有农垦企业在改革进程中采取了多种方式获取国有农用地使用权，如出让、作价出资（入股）、授权经营以及承包经营等。例如，2015 年《中共中央国务院关于进一步推进农垦改革发展的意见》明确规定，在农垦企业改革改制过程中，对于涉及的国有划拨建设用地和农用地，可以根据实际需求采取国有土地使用权出让、租赁、作价出资（入股）以及保留划拨农用地等方式进行处置。对于经省级以上政府批准实行国有资产授权经营的国有独资企业、国有独资公司等农垦企业，其使用的原生产经营性国有划拨建设用地和农用地，经过批准可以采用作价出资（入股）、授权经营等方式进行处置。此外，2016 年 12 月原国土资源部等 8 部门联合发布的《关于扩大国有土地有偿使用范围的意见》（国土资规〔2016〕20 号）也指出，国家以出让、作价出资或者入股、授权经营方式处置的国有土地使用权，应充分考虑农业生产经营的特点，合理确定使用年限，最高使用年限不得超过 50 年。在使用期限内，土地使用权人可以采取承包、租赁、转让、出租或抵押等方式对土地进行合理利用。如果国家采用租赁方式处置土地，使用权人还可以将土地再次出租。接下来，我们将重点探讨通过出让、作价出资、授权经营等有偿方式获取的国有农用地使用权的相关问题。

（一）以出让方式取得国有农用地使用权

国有农用地使用权的出让，是政府以土地所有者身份，在一定期限内，将国有农用地使用权让渡给土地使用者，并由土地使用者向政府支付土地使用权出让金的正式行为。根据 2009 年《东营市国有农用地和未利用地使用管理暂行办法》（市政府令第 152 号，已失效）第 3 条的规定，国有农用地和未利用地使用权的获取方式，包括租赁、划拨以及出让等。同时，根据 2018 年修正的《海南经济特区土地管理条例》第 33 条第 2 款的规定，国有土地使用权可出让、承包用于种植业、畜牧业生产等，这也表明

了国有农用地所有权的行使方式可以是出让。2019 年,珠海市人民政府发布《关于公布珠海市 2019 年国有农用地使用权基准地价的通知》(珠府〔2019〕63 号),根据各类型国有农用地的基础设施平均状况,评估并公布了土地使用年期为 50 年的国有农用地出让使用权基准价格。此基准地价不仅适用于现有国有农用地,也涵盖了国有宜农未利用地,具体范围覆盖珠海市全域的国有耕地、国有园地、国有林地、国有草地、国有水域及水利设施用地以及国有其他土地(设施农用地)。

(二)以作价出资方式取得国有农用地使用权

国有农用地使用权作价出资,是指国家将其一定年期的使用权作为资本投入至新设企业,并由企业持有该使用权。在此模式下,企业可以根据相关法律法规对出让国有农用地使用权的规定,对土地使用权进行转让、出租或抵押。值得注意的是,这种作价出资仅代表国家作为所有权人行使权利的方式,并不涉及农场等使用权主体。根据 1999 年《国土资源部关于加强土地资产管理促进国有企业改革和发展的若干意见》,以作价出资方式处置的土地使用权,在使用期限内可依法进行转让、出资、租赁或抵押。如需改变用途,需补缴不同用途的土地出让金差价。

在实践操作中,国有农用地使用权作价出资通常需经过前期审批、拟定工作方案、税费论证、估价论证、实地估价、批复出资方案及发行中期票据等阶段。

(三)以授权经营方式取得国有农用地使用权

国有农用地使用权授权经营,是指国家将一定年期的国有农用地使用权进行作价处理,并授权给特定企业进行经营管理。此类企业可以根据需要,向其直属、控股或参股企业以作价出资或租赁方式配置土地。国家在必要时,可将一定年期的国有土地使用权作价后授权给经国务院批准设立的国家控股公司、作为国家授权投资机构的国有独资公司和集团公司经营管理,并会为此发放国有土地使用权经营管理授权书。1999 年《国土资源部关于加强土地资产管理促进国有企业改革和发展的若干意见》明确规定,以授权经营方式处理的土地使用权,在其使用年期内,可以依法进行作价出资、租赁或在集团公司内部进行转让;然而,一旦改变其用途或向集团公司以外的单位或个人转让,则需经土地行政主管部门批准,并补缴土地出让金。此外,2015 年《中共中央、国务院关于进一步推进农垦改革发展的意见》第 13 条和 2016 年《关于扩大国有土地有偿使用范围的意见》相关规定也涉及国有农用地使用权授权经营。

在实践操作中,2009 年亚盛集团根据甘肃农垦的定向增发计划,完成了对甘肃农垦所持有的 10 宗土地以及饮马农场、黄花农场、山丹农场、临泽农场、勤锋农场、官庄农场、建工农场 7 家农场的农业类相关资产(含负债)的收购。在此次交易中,甘肃农垦作为上述 10 宗土地的使用权人,已在 2009 年 3 月完成了土地使用权证的办理。此外,这些土地均已取得国有土地授权经营使用权证,并且经过甘肃省国土资源厅的批准,甘肃农垦将上述授权经营土地以作价入股的方式投入亚盛集团。由此可见,授权经营是国有农用地使用权的另一种取得方式。

(四)以承包经营方式取得国有农用地使用权

国有农用地承包经营,是指由政府部门作为发包方,将国有农用地使用权直接发包给承包方进行经营的行为。这种经营方式源于国有农用地所有权,通过行使该权利获得土地使用权,即不动产用益物权。需要明确的是,这种使用权与职工国有农用地承包租赁权是有区别的。在实际情况中,许多农垦公司选择以承包经营的方式获得国有农用地使用权,进而开展农业生产经营活动。

在实践操作中,根据《农业部关于北大荒股份公司承包土地问题的批复》(农垦发〔1998〕3 号)的规定,黑龙江省土地资源管理局与黑龙江北大荒农垦集团总公司于 1998 年正式签署了《国有土地承包合同》。按照该合同,北大荒农垦集团总公司以承包方式获得了 62.4 万公顷国有耕地的使用权,使用期限长达 50 年;同时,还获得了 24 万公顷国有可垦荒地的使用权。之后,黑龙江北大荒农垦集团总公司与黑龙江北大荒农业股份有限公司签订了《农业承包协议》。为确保承包经营的合法性，黑龙江省土地管理局为黑龙江北大荒农业股份有限公司办理了国有农用地承包经营他项权利登记，并颁发了“土地他项权利登记证”。

综上所述，根据现有的规范性文件和农垦农用地经营管理实践，国有农用地使用权的获得方式多种多样，既有无偿划拨，也有有偿使用。通过划拨、出让、作价出资（入股）和授权经营取得的国有农用地使用权，均应定性为用益物权。为了推进垦区集团化、农场企业化改革，打造具备国际竞争力的现代农业企业集团，并实现农垦土地资源资产化和资本化，我们需要转变传统国有农场代表国家行使国有农用地所有权的模式，使农垦集团或农场公司享有具有用益物权性质的国有农用地使用权。2016 年 12 月，原国土资源部等 8 部门联合发布的《关于扩大国有土地有偿使用范围的意见》进一步强调了深化国有土地使用和管理制度改革，扩大国有土地有偿使用范围的要求。这样能使国有农用地使用权成为企业可独立支配的法人财产，更好地发挥市场在资源配置中的决定性作用。在改革过程中，国有农用地使用权的使用方式需要逐步从以划拨为主向出让、作价出资等与市场经济体制相适应的方式转变。划拨国有农用地使用权的有偿化转变路径主要有三种：一是转变为行使所有权层面的国有农用地承包经营权；二是仍以划拨形式存在，但权能得以充实；三是划拨国有农用地使用权向出让和作价出资的形式转变。〔1〕

第三节　国有农用地使用权的登记

土地登记是国家依法进行的，通过专门的簿册详细记录土地的权属关系、用途、使用条件、等级、价值等情况，旨在明确土地权属，加强政府对土地的有效管理和对土地权益的保护。土地登记内容主要包括土地总面

〔1〕 罗菁菁、季刚：《健全农垦国有农用地使用权管理制度路径探究》，载《农场经济管理》2022 年第 11 期。

积、权属类别、土地利用类别以及面积等。这些信息必须能够清晰反映宗地的权属界线,有助于解决争议和处理问题,确保土地所有者和使用者的合法权益得到保护,同时也应有利于国家对土地使用的监管和管理。

根据法律规定,依法登记的土地使用权受到法律保护,他人不得侵犯。对于农垦土地,为了推进资源资产化和资本化,必须确保权属清晰,首要任务是进行土地登记并发放相关证书。因此,2015 年《中共中央、国务院关于进一步推进农垦改革发展的意见》明确提出,要在 3 年左右的时间内基本完成农垦国有土地使用权确权登记发证工作。

接下来,我们将对国有农用地使用权登记的法律依据和登记争议的处理进行深入分析。通过这些分析,我们将进一步了解土地登记的重要性和实际操作中的问题,为推进农垦改革发展提供有益的参考。

一、国有农用地使用权登记的法律依据

国有农用地使用权的确权登记是确保国有农用地得到有效利用的重要前提。在历史上,国有农用地使用权的登记工作经历了长期的探索过程。早在 2001 年,国务院办公厅就转发了《国土资源部、农业部关于依法保护国有农场土地合法权益的意见》,明确要求各地应按照土地管理法律法规的规定,加快国有农场土地登记发证的工作步伐。该文件强调,对于权属来源清楚、无争议的土地,应抓紧登记发证;对有争议的土地,须先进行调处,再进行登记发证。同时,为保持工作的一致性,应加快农村特别是国有农场周边农村集体土地所有权的登记发证工作。关于确权成本和费用问题,该文件指出原则上由农场承担,并由农垦部门在业务经费中予以安排。此外,在土地行政主管部门完成权属调查的基础上,农场可自行组织或委托具有资质的单位进行地籍测量。

2008 年《关于加强国有农场土地使用管理的意见》进一步强调了确权登记发证工作的重要性。该意见指出,对面积准确、无争议的土地,应尽快登记发证;对存在争议的土地,需严格按照相关法律法规进行调处,

确定权属后进行登记发证。自该意见下发之日起,各地应在两年内基本完成国有农场土地的登记发证工作。值得注意的是,上述针对国有农场土地使用权的规定同样适用于国有农用地使用权的确权发证工作。严格执行相关法律法规和政策,有助于保障国有农用地使用权的合法性和有效性,促进农业生产的稳定发展。

关于国有农用地使用权在法律层面的规定,需明确指出其并非法定物权。因此,2019 年修订的《不动产登记暂行条例》也未对其进行规定。在实际操作中,有些地方曾基于此甚至不受理国有农场的登记申请。

然而,2019 年修正的《不动产登记暂行条例实施细则》第 52 条第 1 款明确规定:“以承包经营以外的合法方式使用国有农用地的国有农场、草场,以及使用国家所有的水域、滩涂等农用地进行农业生产,申请国有农用地的使用权登记的,参照本实施细则有关规定办理。”这一条款通过在“国有农用地”和“使用权”之间加一个“的”字的方式,有效解决了国有农场、林场、草场等土地使用权登记发证的问题。

此后,国家有关文件在规定国有农场土地登记发证时,都明确要求按照《不动产登记暂行条例实施细则》第 52 条的规定执行。例如,2016 年《国土资源部、财政部、农业部关于加快推进农垦国有土地使用权确权登记发证工作的通知》(国土资发〔2016〕156 号)中规定,“县(市)不动产登记机构对权籍调查成果通过审核的国有农场使用的国有农用地、未利用地,要按照《不动产登记暂行条例实施细则》第 52 条办理登记手续,登记为国有农用地的使用权”。又如,2016 年《关于扩大国有土地有偿使用范围的意见》(国土资规〔2016〕20 号)中规定,以承包经营以外的合法方式使用国有农用地的国有农场、草场以及使用国家所有的水域、滩涂等农用地进行农业生产,申请国有农用地使用权登记的,可按相关批准用地文件,根据权利取得方式的不同,明确处置方式,参照《不动产登记暂行条例实施细则》有关规定,分别办理国有农用地划拨、出让、租赁、作价出资或者入股、授权经营使用权登记手续。

2017 年,《加快推进农垦国有土地使用权确权登记发证工作方案》进一步细化了国有农用地使用权登记的具体操作步骤。该方案提出要全面开展农垦国有土地权籍调查工作,调查清楚国有农场依法使用土地的权属、用途、界址和面积等。在此基础上,由各地农垦主管部门组织国有农场向不动产登记机构提出登记申请,提交权籍调查成果资料和权属来源资料;审核通过后依法办理登记发证手续。

综上,根据《不动产登记暂行条例实施细则》《不动产登记操作规范(试行)》等相关规定,土地登记部门负责对依法取得的国有农用地使用权进行登记;申请主体应为国有的农用地使用权人,办理机构为国土资源部门;申请材料需包括不动产申请书、项目用地批准文件或国有农用地使用权出让合同、宗地图以及国有农用地使用金的缴纳或减免凭证。

为推进国有农用地权属的明确与登记工作,财政部于 2017 年 6 月发布了《关于〈中央财政农村土地承包经营权确权登记颁证补助资金管理办法〉的补充通知》(财农〔2017〕70 号)。该通知明确,中央财政将部分补助资金用于农垦系统国有土地使用权的确权登记发证工作,包括但不限于土地权籍调查、勘测定界、登记申请、争议调处以及信息化管理等费用。

截至 2018 年 3 月底,全国农垦土地的权籍调查覆盖了 2.39 亿亩土地,调查率达到 43.5%;已完成登记发证的面积为 2.23 亿亩,发证率为 40.5%。至 2019 年 6 月,全国农垦 4.29 亿亩土地中(不含新疆生产建设兵团)已完成确权登记的土地面积达到 4.13 亿亩,登记发证率高达 96.2%,比 2015 年年底提高了 61.2 个百分点。31 个省(自治区、直辖市)的农垦土地确权登记发证率均超过或接近 90%。

然而需要注意的是,当前农垦国有农用地确权登记工作仍存在一些待改进之处。例如,在辽宁省的实践中,其确权登记范围通常将国有农场的整体边界作为土地权利的边界,并未对农场内部的耕地、建设用地等不同土地类型进行区分,而采用了整体确权的方式。[1]

二、国有农用地使用权确权登记制度

国有农用地作为农业发展的基石,在社会进程中发挥着基础性作用。作为我国农用地资源的重要组成部分,国有农用地主要的使用主体包括农民集体、国有农场和林场等单位。在家庭联产承包责任制下,农民集体对国有农用地进行开发利用,而农场和林场等单位则通过职工经营来实现国有农用地的使用。国有农用地不仅对农业现代化发展至关重要,还承载着保障国家粮食安全的战略意义。

随着社会经济的快速发展,我国正面临现代化转型,城乡人口流动加速,农业相对收益下降。因此,加强未完全开发利用的国有农用地的使用与管理工作、促进国有农用地的流转、提升国有农用地的价值等,对促进经济社会可持续发展具有重要意义。

在实践中,国有农用地相关权利内涵丰富,包括所有权、使用权和承包经营权。对国有农用地使用权进行确权登记,是实现国有农用地流转的重要前提,对明确相关主体的权利义务、保护权利人的利益具有重要意义。然而,目前对国有农用地确权登记制度的法律尚未出台,通常由地方政府根据实际需要制定相应的行政法规和规范性文件进行规范。尽管自2001年《国土资源部、农业部关于依法保护国有农场土地合法权益的意见》出台后,国有农用地使用权确权工作在全国范围内取得了一定的进展,但实践中仍存在诸多争议需要解决。

(一)国有农用地使用权确权登记的实践困境

1. 使用权权属不明

在《民法典》第343条对国有农用地承包经营的规定基础上,关于国有农用地使用权的物权属性及其确权登记的问题,亟待进一步明确与规

---

[1] 朱维蕊:《纾困与破局:国有农用地使用权确权登记制度研究》,载《上海房地》2022年第10期。

范。此问题涉及重要议题,即国有农用地使用权是以独立的用益物权形态存在,还是仅作为所有权附属权能。一方面,只有明晰国有农用地使用权的属性,才能更好地进行确权登记工作,保障相关权利人的合法权益。若此权利属性不明确,将导致权利主体模糊,从而阻碍确权登记进程,影响国有农用地的正常流转,限制其价值的充分发挥。另一方面,如果将国有农用地使用权视为附属于所有权之上的权能,一旦所有权发生变化,使用权人的权益也将受到直接影响,不利于形成稳定、可靠的国有农用地使用权利义务关系。因此,笔者主张国有农用地使用权应作为一项独立的用益物权存在,并允许其以独立权利的形式进行登记。这不仅有利于保障相关权利人的合法权益,更能促进国有农用地使用权的正常流转,从而更好地适应实践发展的现实需求。

2. 确权登记工作粗放

在国有农用地使用权的确权登记过程中,首要任务是对土地上的权利状况进行深入细致的调查,这包括但不限于明确权利主体和国有农用地的具体范围。只有在充分了解这些基本情况的基础上,我们才能够准确无误地完成登记工作。然而,必须指出的是,实践中确实存在一些不够严谨细致的问题。具体来说,在进行国有农用地确权登记时,一些工作人员未能充分区分土地的不同利用类型,如耕地、荒地等,也未能充分考虑到可能存在的各种建筑设施,如居民房、农场等。这种简化处理的方式虽然在一定程度上提高了登记效率,但可能导致土地资源的合理利用受到限制,同时也可能损害相关权利人的合法权益。因此,我们必须采取更加严谨、细致的态度和方式,确保国有农用地使用权确权登记工作的准确性和完整性。

3. 权属来源资料缺失

在改革开放之前,我国通过划拨方式确立了国有农用地的使用权。1950 年 6 月实施的《土地改革法》第 15 条规定,农事试验场或国营示范农场的土地属于县级以上人民政府划拨的国有土地。然而,由于时间久远,部分土地的权属来源资料已难以追溯,使得权利主体难以进行重置或重新获取相关证明文件。原先的权属来源资料也可能已经毁损或丢失,这使得明确国有农用地权利状态变得困难重重,为相关国有农用地使用权的登记确权工作带来了不小的挑战。更为复杂的是,部分国有农场与周边的集体农场之间可能存在权属争议。如果不解决这些争议,草率地进行土地确权登记,可能会导致不必要的群体性社会纠纷。因此,在对国有农用地进行确权登记之前,必须首先清理存在争议的国有农用地,明确其权属状态,以确保后续的确权登记工作能够顺利进行。

4. 登记经费不足

在进行国有农用地使用权确权登记前,对权利范围的明确是不可或缺的步骤。对于那些权属来源材料缺失的地块,我们需借助现代测绘技术和权籍调查手段,以明确争议地块的边界。测绘技术的精确性在确定国有农用地权利范围中发挥着至关重要的作用。登记主管部门会委托专业的测绘机构或采用无人机技术,对申请登记的国有农用地进行详细的测绘,或在确权过程中进行权籍调查。然而,这些工作的开展需要相应的经费和人力资源支持。如果没有财政上的保障,相关部门将难以有效地推进国有农用地使用权确权登记工作。在实际工作中,由于经费不足的问题,当地政府和国有农场往往难以承担国有农用地使用权确权登记的全部费用。

(二)国有农用地使用权确权登记制度纾困

1. 物权属性的确认

现有的法律规范关于国有农用地使用权是否具备物权属性并未给出明确答案,仅在部门规章及规范性法律文件中有所涉及。然而,从实践角度来看,国有农用地使用权的权能与用益物权的内涵相一致。尽管一些地方性规定,如《内蒙古自治区国有农牧场条例》,所规定的用益物权人所享有的权利与《民法典》第344条相一致,但由于前者并非法律,用益物权的设立必须遵循物权法定原则,因此无法仅凭该条例证明国有农用地使用权属于用益物权。

此外,从部分地方的实践情况来看,国有农用地使用权可以进行抵押,这表明该权利被赋予了物权属性,被视为独立的用益物权。这种做法能够回应社会经济发展的实践需求。同时,在国有农场土地使用权证上可能同时登记了多种用途的土地,除国有农用地使用权之外的建设用地、宅基地使用权均属于用益物权。然而,国有农用地使用权被排除在用益物权之外,这在体系化角度上存在一定的矛盾。

综上所述,将国有农用地使用权定性为用益物权符合政策倾向,同时也符合社会经济发展的实际需求。在法律尚未明确规定的情况下,可以通过司法解释或行政法规的方式,制定国有农用地使用权确权登记制度,为未来的正式立法提供铺垫。这有助于保障国有农用地体制改革的顺利开展。

2. 登记范围的确定

为确保国有农用地使用权确权登记的精准实施,首先需明确其土地确权登记的范围。在确定登记范围时,可采用无人机拍摄方式进行确权勘界,抑或委托专业测量机构来确定登记面积及相关信息。对于采用何种方式,主管部门应依据经费和时间成本等因素进行考量,并享有自由裁量权。

关于登记管辖的范围,不宜再将国有农用地视为一个整体进行全域登记。实际上,国有农场区域内存在多种用地类型,包括但不限于耕地、荒地以及建设用地。对于建设用地,应采用有别于非建设用地的登记方式,即将其作为国有建设用地使用权进行确权登记。而对于非建设用地,如耕地、荒地等,可依据《不动产登记暂行条例实施细则》的有关规定进行登记办理。

为充分保障权利人的利益,对国有农用地应实施分类管理和分类登记。这不仅能有效管理各类土地资源,还能进一步提升确权登记工作的精准度。

3. 登记内容的明晰

在划定登记范畴的基础上，还应当清晰界定国有农用地使用权登记所涵盖的权利内容。需要强调的是，国有农用地的所有权归属于人民，因此，所有权并非登记工作的重点。国有农用地确权登记的核心对象应包括使用权、抵押权和地役权。在进行抵押权和地役权登记时，应以已登记的国有农用地使用权为基础，确保登记内容在已登记使用权所涵盖的权利范围和期限内进行，避免任何超出原权利范围的登记操作。对于国有农用地使用权登记的内容，主要包括使用权的性质、地理位置、边界线、权利人的名称或姓名以及使用期限等关键信息。

4. 纠纷调处机制的完善

国有农用地产权争议主要源于历史遗留问题，可能出现在国有农用地使用权设立之初或者代际流转过程中。在实际使用中，一些主体可能缺乏权属证明材料或者证明材料不清晰，但已经持续占有和使用国有农用地一段时间，形成了相对稳定的权利义务关系。如果仅因为权属证明材料的问题，就剥夺其现实享有的财产利益，可能会引发不必要的矛盾。

然而，对于强行占用、多占或者原先取得国有农用地使用权时符合法律条件，但随着时间推移已不再满足继续享有使用权条件的情况，应采取相应的措施收回土地或收取改变土地用途的费用。在处理国有农用地产权纠纷时，应坚持实事求是的原则，尊重历史情况。地方政府在解决这类纠纷中应发挥更大的作用。各级政府可以根据本地区的实际情况和需求，制定相应的行政法规或规范性文件，明确国有农用地产权登记和争议解决的具体流程。

同时，为了更好地解决国有农用地产权纠纷，各级政府可以加强与相关部门的协调配合，形成工作合力。在处理纠纷时，应注重保护农民的合法权益，维护农村稳定。此外，还应加强宣传教育，提高农民的法律意识和维权能力。通过多方面的努力，相信可以更好地解决国有农用地产权纠纷，促进农村的和谐稳定发展。

5.财政支持政策的落实

在国有农用地确权登记的过程中,需对申请登记地块的面积、界址和用途进行精确的勘定。这一过程可能涉及委托专业的测绘部门进行实地测绘或利用无人机技术采集和分析数据,而这些工作的费用是必不可少的。另外,权籍调查作为确权登记的核心环节,同样需要耗费大量人力和物力。因此,为确保登记工作的顺利进行,我们应加大财政支持力度,并进一步完善相关的规章制度。

国有农用地使用权确权登记制度对于权利公示和保障相关权利人权益具有重要意义,是推动国有农用地使用权流转的必要环节。然而,在实践操作中,该制度面临诸多挑战。权属不明、确权登记工作不细致、权属来源资料缺失以及财政经费支持不足等问题,均对国有农用地使用权确权登记工作造成了一定的阻碍。

尽管现行法律并未明确规定国有农用地使用权属于用益物权,但在实际操作中,国有农用地使用权人所享有的权益与用益物权人具有相当的权利内容。为解决上述问题,我们建议采用无人机拍摄技术或委托专业机构进行测量,以明确国有农用地土地确权登记范围,并细化国有农用地使用权确权登记的类型。在此基础上,对国有农用地进行分类管理、分类登记,从而更好地保护权利人的合法权益。

在明确国有农用地使用权权利属性的基础上,还应进一步明确国有农用地使用权登记的对象,确保登记内容与国有农用地使用权相符。此外,为妥善解决产权纠纷,应建立健全的调处机制。最后,政府应加大对国有农用地使用权登记工作的财政支持力度,确保该项工作的顺利开展。

三、国有农用地使用权登记争议处理

相较于集体农用地承包经营权,国有农用地使用权的确权登记面临更大的挑战。这一挑战不仅源于政策法规的不完善,还与其复杂的历史演变有关。在实践过程中,各地已优先完成了无争议的国有农用地登记发证工作。然而,仍有一部分国有农场由于权属争议,权利归属无法确定,从而无法完成确权登记。这些权属争议有多种原因,包括国有农用地所有权归属明确但使用权存在争议、所有权与使用权均不明确等;具体原因包括权属来源资料缺失、与周边农场集体土地存在大量权属争议、未经批准开发国有荒地等。《土地管理法》第 14 条规定:“土地所有权和使用权争议,由当事人协商解决;协商不成的,由人民政府处理。单位之间的争议,由县级以上人民政府处理;个人之间、个人与单位之间的争议,由乡级人民政府或者县级以上人民政府处理。当事人对有关人民政府的处理决定不服的,可以自接到处理决定通知之日起三十日内,向人民法院起诉。在土地所有权和使用权争议解决前,任何一方不得改变土地利用现状。”同时,为应对具体的国有农用地使用权权属争议,各地主要采取了以下措施。

对于所有权明确但使用权存在争议的土地问题,2005 年《海南省国土环境资源厅、海南省农垦总局关于场社土地权属纠纷调处若干问题的处理意见》(琼土环资籍字〔2005〕22 号)作出了明确的规定。该意见指出,对于农民集体使用农场规划范围内的土地,若农民集体主张在 1982 年 5 月 14 日之前已开始使用,而农场方面则主张在 1982 年 5 月 14 日之后才开始使用的情况,应依据 1982 年 5 月 14 日之后最接近该时点的航片进行判读确认。若航片判读确认土地在航片拍摄时已被农民集体使用,则该土地的使用权应确权给农民集体,并为其发放相关证件;若航片判读确认土地在航片拍摄时未被使用,则该土地的使用权应确权给农场,并为其发放相关证件。

对于所有权不明确且使用权存在争议的土地,根据 2001 年《国务院办公厅转发〈国土资源部、农业部关于依法保护国有农场土地合法权益的意见〉的通知》的规定,对于因土地权属资料不清,无法查证土地权属来源的,可以根据实际使用情况,经双方协商一致后,确认各自的国有土地使用权和集体土地所有权。另外,根据 2005 年《广东省人民政府办公厅关于加快国有农场土地确权与登记发证工作的意见》(粤府办〔2005〕97号)的规定,对于国有农场与周边农民集体、其他单位现使用的土地有争议,无法查证土地权属来源归属或不能依法证明争议的土地属于集体所有,且双方协商不成的,争议土地按规定属于国家所有,其使用权可根据实际使用状况确定。

关于未经批准开发的国有荒地使用权的归属问题,2001年《广东省人民政府办公厅关于国有农场土地确权与登记发证工作的意见》(粤府办〔2001〕78号)指出,在1987年《土地管理法》实施前,国有农场若开发了未确定使用权的国有荒山、荒地、荒滩,并一直从事种植业、畜牧业、渔业生产至今,其土地使用权可以确定给国有农场。

根据争议土地的实际使用状况,上述三种情况均可确定其权利归属。

综上所述,目前农场国有农用地使用权的确权发证工作尚未最终完成,仍需加强制度设计以解决国有农用地权属纠纷。尽管一些部门规章和地方规范性文件已经制定了根据实际使用情况确定土地使用权归属的规则,但仍存在对农场国有农用地使用权权利属性认识不同、对"实际使用情况"缺乏具体构成要件的规定等制度困境。因此,建议借助取得时效制度完善农场国有农用地使用权的确权规则,以走出"根据实际使用情况确定土地使用权归属"之制度困境。同时,应明确取得时效的构成要件,包括占有他人之物、持续占有、公然占有、和平占有等,并提升取得时效的立法位阶,将其纳入物权法定的"法"中。[1]

第四节　国有农用地使用权的流转

一、国有农用地使用权的利用

国有农用地使用权的利用,是指权利主体依法以合理方式利用国有

---

〔1〕 高海:《农场国有农用地使用权确权规则探究——以取得时效为视角》,载《北方法学》2016年第2期。

农用地,并在使用过程中享有相应的权利内容。其核心涉及国有农用地使用权的利用方式和权能,旨在保障权利主体对国有农用地的合法权益。

(一)国有农用地使用权的利用方式

关于无偿划拨的国有农用地使用权,发包和出租是其主要的利用方式。在国有农场中,通过发包的形式将这些土地使用权确定给农场职工使用,从而形成了"大农场套小农场"的农业双层经营体制。在经营制度层面,各地根据其资源禀赋和外部环境的不同,对农垦国有农用地经营方式进行了积极的探索,最终在改革中形成了各具特色的"两田制"经营模式。尽管各地对"两田制"的称谓有所不同,如湖北垦区称为责任田与租赁经营田,安徽称为身份田与招标田,但其实质内容基本一致。在新疆生产建设兵团和黑龙江垦区,也实施了以"两田制"为核心的经营制度。农场向职工无偿分配身份田或基本田,这些土地的收入主要用于职工的社会保障费用。基本田的面积一般参照周边农村的人均耕地面积,期限一般到职工退休。而规模田(即租赁经营田)的配置则采用租赁的形式,合同期限不定,有些地方为5年左右,部分农场则实行"三年小调整,五年大调整"的政策,一般不允许流转。截至2010年年底,"两田制"经营下的土地已经占到了农垦系统土地承包面积的80%以上。[1]

关于国有农用地使用权的有偿使用,国有农场在管理上拥有发包、出租、转让和抵押等权利。根据1998年发布的《国有企业改革中划拨土地使用权管理暂行规定》,被授权的国家控股公司、国家授权投资机构的国有独资公司和集团公司,可以根据授权向其下属企业、控股企业、参股企业等进行土地使用权配置。企业在进行土地使用权经营管理时,需持有相关授权书和文件,并按照规定办理土地登记手续。此外,2016年《关于扩大国有土地有偿使用范围的意见》(国土资规〔2016〕20号)也明确指出,对于国家以出让、作价出资或者入股、授权经营等方式处置的国有土

[1] 桂华:《论我国农地制度的变迁模式与绩效——基于农村与国有农场两类经验的比较》,载《思想战线》2019年第3期。

地,使用权人可以在使用期限内依法承包、租赁、转让、出租和抵押;对于国家以租赁方式处置的国有土地,使用权人还可以再次出租。这一规定对于规范国有土地使用权的管理,促进土地资源的合理配置和高效利用具有重要意义。

根据目前一些地方国有农场的实践,国有农用地使用权的利用方式主要表现为发包出租、转让和抵押等。例如,在2009年,海南省人民政府批准了《关于海南天然橡胶产业集团股份有限公司国有划拨土地使用权承包使用方案》,农垦总公司与海南橡胶签订了《土地使用权承包协议》。按照该协议,农垦总公司及其下属分支机构、附属企业将其合法取得的土地使用权承包给海南橡胶使用,主要用于种植橡胶林等林木以及从事相关的生产活动。承包面积共计约351.55万亩,土地承包金总金额确定为21,470.51万元。该承包期限为30年,自2009年1月1日起至2038年12月31日止。在承包期限届满后,如果双方没有异议,协议将自动延长或续期30年。另外,根据1998年《农业部关于北大荒股份公司承包土地问题的批复》,黑龙江北大荒农垦集团总公司以承包方式取得国有农用地使用权。随后,黑龙江北大荒农垦集团总公司与黑龙江北大荒农业股份有限公司签订了《农业承包协议》,将承包的国有农用地使用权再次承包给黑龙江北大荒农业股份有限公司。黑龙江北大荒农业股份有限公司每年向集团公司缴付农业承包费,金额为本公司向农工收取的生产承包费的4%,以及完成集团公司国家订购粮指标的33.5%。

国有农用地使用权的有偿转让,是合理利用土地资源的重要方式之一。以2010年5月6日的案例为例,海南利乐房地产开发有限公司与海南农垦南新农场正式签署了《土地转让合同》。按照合同条款,南新农场将其位于23队共计981亩的国有划拨农业用地使用权,全权转让给了海南利乐房地产开发有限公司。每亩土地的转让价格定为36万元,总地价款高达35,316万元。值得注意的是,此次土地转让的费用涵盖了土地补偿费、劳动力安置补助费,以及为补办出让手续需向当地政府支付的

40%地价款。然而,青苗及地上附着物的补偿费用并未包含在内。2010年6月23日,原农垦总局对南新农场的这一土地转让行为给予了正式批复,明确同意南新农场将981亩国有土地使用权转让给海南利乐房地产开发有限公司。

国有农用地使用权在特定条件下可以用于抵押。例如,安徽省滁州市凤阳县方邱湖农场的国有土地使用证规定,如需转让或抵押国有土地使用权,必须按规定办理相关手续,否则无效。此外,广西农垦集团下属良丰农场在2017年积极创新,通过国有划拨农用地使用权抵押贷款的方式,成功解决了"旅游休闲观光农业"项目建设资金问题。2017年,良丰农场因开发农业庄园的需要,以部分农用地向农行抵押贷款;在获得原农业部和广西农垦局的批复后,农场与银行签订了《抵押贷款合同》,并向桂林市国土局申请抵押登记。桂林市国土局根据相关政策文件,认定该试点项目可行,并协助农场办理了980亩农用地的抵押登记。最终,农场成功将该场八分场桂阳公路以西的980亩国有划拨农用地使用权向桂林银行抵押贷款,获得5年期项目贷款4500万元,其中项目建设贷款3500万元,流动资金贷款1000万元,有效缓解了农垦企业的资金压力。

(二)国有农用地使用权的权能

1. 占有和使用权能

占有权能是指实际控制土地的权力(权利),是行使土地所有权和使用权的基础。在我国,土地所有权的主体只有国家和集体,但这些主体未必亲自经营和使用土地,从而导致土地所有权与占有权的分离。占有权分为两类,一是作为所有权和国有农用地使用权权能的占有权,二是基于事实状态产生的独立占有权(非权能)。对于无权属争议的国有农用地使用权,无论通过何种方式取得,其占有权均属于国有农用地使用权人,不存在任何争议。

根据物的特性和用途来利用物,以满足生产或生活的需求,这一过程被称为使用权能。使用是以占有为前提的,但占有人并不一定具备使用权能(如质权人和保管人只能占有,但不能使用)。因此,国有农用地使用权人在合法占有的基础上,进一步利用国有农用地,这种使用权具有直接支配性和排他性,可以抵抗非权利人的干预。同时,国有农用地使用权人可以自行决定使用,也可以授权他人使用。然而,对国有农用地使用权的利用必须遵守法律规定和合同约定,不得擅自改变土地用途。耕地、林地、草地等农业用途之间的转换应依法依规进行。因此,国有农用地使用权的使用必须严格符合农用地用途管制。如果通过出让方式取得使用权,出让合同中应明确土地使用范围,并在使用过程中根据土地使用权出让合同的规定和土地规划的要求进行开发、利用和经营。如果需要改变土地使用权出让合同规定的土地用途,应征得出让方的同意并经土地管理部门批准,依照规定重新签订土地使用权出让合同,调整土地使用权出让金并办理登记。

国有农用地的使用权在使用过程中确实存在一定的限制,其使用期限因取得方式的不同而有所差异。作为他物权的用益物权,通常都有一定的期限。对于以划拨方式取得的土地使用权,没有具体的使用年限限制;然而,通过协议出让等其他方式获取的使用权则具有一定的年限,并且在使用年限届满前一年需要申请续期。

为了配合农垦国有农用地使用权的有偿化改革,我们建议对农垦国有农用地使用权进行明确的期限规定。考虑到历史上农垦国有农用地使用权无期限的惯例,以及农民集体土地承包关系“长久不变”的改革方向(第二轮承包期到期后再延长 30 年),我们建议农垦国有农用地使用权的期限长期化,并根据不同的取得方式设定不同的期限。例如,通过出让、作价出资、授权经营方式取得的,可设定为 50 年;而通过承包经营方式取得的,可设定为 70 年。一旦期限届满,这些使用权均可自动续期,但相应的出让金、作价款或使用费应根据市场价格合理确定。

2. 收益和处分权能

收益权,是指对利用财产并从中获取经济利益的权利,是所有权的重要权能之一。人们拥有某物，其根本目的在于获取该物所带来的经济利益，以满足自身需求。在国有农用地使用权中，收益权能的实现是其经济价值的具体表现。这种收益权的实现主要源于国有农用地的使用和流转。前者是指国有农用地使用权人通过合理利用国有农用地获得收益；后者则指国有农用地使用权人通过转让、出租、抵押、作价入股等方式获得收益。值得注意的是，国有农用地使用权收益权能的实现与其“使用形式”密切相关。随着市场经济的不断深化，我国经济关系和社会结构日趋多样化，各地逐步形成了各具特色的“两田制”（基本田和规模田）经营模式。其中，基本田以外的农用地作为“承包田”分配给职工，而规模田则根据面积、区位和肥力等级收取地租，但该地租通常低于市场地租。

处分行为是指直接改变现有权利状态的法律行为，包括权利的变更、转让、设定负担或取消等。处分行为是权利人行使权利的一种方式，通过这种方式，权利人可以实现权利设立的目的和权益。对于农场国有农用地使用权来说，其主要涉及转让、作价出资和抵押等具有处分性质的权利。尽管《土地管理法》《森林法》《草原法》提到了国有土地、林地和草地使用权，但只有《森林法》在2019年的修订中明确规定了处分权能。具体来说，只有符合特定条件的林地使用权可以通过批准进行转让、出租、作价出资等。此外，2016年《关于全民所有自然资源资产有偿使用制度改革的指导意见》指出，有偿取得的国有农用地使用权可以进行转让、出租、作价出资、担保等活动。同时，2016年《关于扩大国有土地有偿使用范围的意见》规定，对于涉及改制的国有农用地，以划拨方式处置的可以进行承包租赁；以出让、作价出资或者入股、授权经营方式处置的，在使用期限内可以进行承包租赁、转让、出租、抵押；国家以租赁方式处置的，使用权人可以进行再出租。在保障职工生活方面，国有农场仍承担一定的社会功能，需要通过基本田来实现。部分农场如兵团农场和橡胶农场，还承担着一定的政治功能。因此，国有农用地使用权的处分权应受到适当的限制。此外，规模田并不承载社会保障功能，基于国有农用地使用权用益物权的性质,应适当保障国有农用地使用权的支配性。

根据国有农用地使用权的取得方式,其权能主要分为两类。首先,通过无偿划拨方式取得的国有农用地使用权主要应用于具有纯公益性质的农用地,如生态用地等。这类使用权在权能方面存在较多限制,例如不得进行转让、抵押或作价出资(入股)等操作。其次,通过出让、作价出资(入股)或授权经营等方式取得的国有农用地使用权应被赋予更为全面的权能,可进行发包、出租、转让、抵押、作价出资(入股)等操作。从历史经验来看,上述两种取得方式的使用权的权能存在一定的模糊性。因此,在进行国有农用地使用权的制度设计时,应对此进行明确的界定和区分。同时,为了推进农垦国有农用地的市场化改革,应逐步缩小无偿划拨国有农用地使用权的范围,增加以出让、作价出资(入股)等方式有偿取得国有农用地使用权的机会,进一步扩大并完善国有农用地使用权的权能。[1]

二、国有农用地使用权的完善

(一)国有农用地使用权认定存在障碍

在2019年《土地管理法》中,土地根据其用途被明确划分为农用地、建设用地和未利用地。该法规定,无论是国有土地还是农民集体所有的土地,均可依法授予单位或个人使用。关于土地所有权和用权的登记,则需遵循有关不动产登记的法律、行政法规进行操作。这不仅产生了国有农用地这一新的土地类型,同时也催生了与之对应的国有农用地使用权这一权利概念。然而,目前"国有农用地使用权"并非一个规范的法律术语,而多以"国有农用地的使用权"的形式出现在各类法律、行政法规中,这无疑加大了对国有农用地使用权在权利性质、权利范围及权利归属等方面的认定难度。

---

〔1〕 高海:《农垦国有农用地使用制度研究》,中南财经政法大学2014年博士学位论文,第10~30页。

1. 性质认定依据不足与概念混淆

随着农垦土地管理改革和国有农用地确权登记工作的不断深入，国有农用地使用权这一概念在各类规范性文件中频繁出现，对实践产生了深远的影响。然而，当前法律对于国有农用地使用权的权能结构、取得方式和处置等方面的规定仍不明确，导致国有农用地使用权的性质认定缺乏充分的法律依据。这进一步导致了权利内涵与外延的模糊，容易在权利认定过程中引发混淆。因此，为了保障国有农用地使用权的合法有效行使，有必要对相关法律法规进行完善，明确国有农用地使用权的权能结构、取得和处置等内容，以减少实践中的法律风险和操作难度。

（1）性质认定依据不足

在政策层面，中共中央、国务院及相关部门已经多次在文件中提及国有农用地使用权的问题。例如，2015 年《中共中央、国务院关于进一步推进农垦改革发展的意见》、2016 年《国务院关于全民所有自然资源资产有偿使用制度改革的指导意见》以及 2016 年《关于扩大国有土地有偿使用范围的意见》（国土资规〔2016〕20 号）等文件，均明确提出了“国有农用地使用权”的概念，并要求推进该权利的确权登记发证工作，同时开展国有农用地使用权的抵押、担保试点工作。

根据现有的法律框架，国有农用地的使用权在法律上的地位和用益物权性质尚未得到明确的界定。根据 2019 年《土地管理法》第 12 条的规定，土地所有权和使用权的登记应遵循有关不动产登记的法律、行政法规。在国有农用地使用权登记方面，2019 年修正的《不动产登记暂行条例实施细则》第 52 条明确指出，以除承包经营外的其他合法方式使用国有农用地的，可以进行国有农用地的使用权登记。然而，这里所提到的“国有农用地的使用权”只是一个宽泛的概念，缺乏具体的法律定义。

2020 年《民法典》延续了原《物权法》的体例，以“用益物权”这一概念来指代土地上的物权利用关系，明确了土地承包经营权、建设用地使用权、宅基地使用权、居住权、地役权 5 项与土地相关的用益物权，但并未将

"国有农用地使用权"纳入专项物权类型。在当前的法律体系下,国有土地使用权的登记主要针对建设用地使用权,而缺乏针对"国有农用地使用权"的特定物权登记规定。

根据物权法定原则,要认定国有农用地使用权为用益物权,必须具备相应的物权法定之"法"。然而,在当前法律框架下,尚未有明确的法律规定能够支持国有农用地使用权的用益物权性质。因此,国有农用地使用权在法律上的地位和性质仍然需要进一步的探讨和研究。[1]

(2)国有农用地使用权与其他权利存在混淆

国有农用地使用权性质不明确,增加了人们对该权利与其他权利间差异的辨识难度。尽管2019年修正的《不动产登记暂行条例实施细则》规定了国有农用地的使用权可以进行登记,但并未明确土地承包经营权与国有农用地使用权之间的关系。这种模糊性导致"国有农用地的使用权"这一笼统概念无法清晰地区分该权利与其他权利。

农业用地使用权是指利用他人的耕地、林地、草地等农用地进行农业生产的权利。土地承包经营权则是指在他人土地上设立的,以从事种植业、林业、畜牧业等农业生产为目的的物权。尽管这两种权利都是利用土地进行农业生产的权利,在某些方面存在重合,但它们在权利内涵上仍存在显著差异。因此,部分地区在颁发证书时,直接选择颁发土地承包经营权证而非国有农用地使用权证。

为了解决这一问题,我们应进一步明确国有农用地使用权权利性质,并加强对其与其他权利间差异的辨识。通过完善相关法律法规和登记制度,以确保权利主体在行使权利时能够得到充分的法律保障。

2. 认定范围冲突与认定规范缺乏衔接机制

国有农用地使用权登记范围的冲突以及登记规范间缺乏衔接机制,均为导致国有农用地使用权认定障碍的关键因素。

---

〔1〕 高海:《农场国有农用地使用权的权利属性与物权构造》,载《法商研究》2015年第2期。

(1)认定范围冲突

在现行《土地利用现状分类》(GB/T 21010—2017)中,农用地被细分为“耕地、园地、林地、草地”四大类别。然而,《不动产登记暂行条例实施细则》在认定农用地时,不仅涵盖了上述四类,还将“四荒”等未利用地纳入了农用地使用权登记范畴。这一调整使得荒山、荒沟、荒丘、荒滩等国有未利用地也归属于国有农用地,从而在一定程度上扩展了国有农用地的范围。

不过,值得注意的是,《不动产登记暂行条例实施细则》并未将园地及其下属的茶园、果园、桑园、橡胶园等土地纳入农用地权属登记范畴。这意味着多达1050余万亩的土地被排除在国有农用地的定义之外。这一规定与《土地利用现状分类》存在明显差异,从而在一定程度上限缩了国有农用地的概念。

综上所述,《土地利用现状分类》与《不动产登记暂行条例实施细则》在农用地范畴的规定上存在明显差异,这导致了法律规范冲突的问题。为确保法律执行的统一性和权威性,有必要对这两份文件进行进一步的协调与整合。

(2)认定规范缺乏衔接机制

在土地权属登记取得进展的同时,我们也发现相关规范之间出现了不少冲突。这些冲突主要体现在空间相邻地块不同管理规范的冲突、时间新旧规范性文件间的冲突,以及国有农用地使用权相关术语概念间的混淆。解决这些冲突,对于保障土地权属登记的顺利进行具有重要意义。

从空间角度分析,当前相邻土地在管理规范上存在明显的衔接不足问题。在农垦国有农用地与国有林地、部队、铁路、农村集体土地、农村住宅用地、企业用地等接壤地区,由于涉及多方利益,土地权籍调查工作显得尤为复杂。尤其是内蒙古、黑龙江等垦区,因其分布于多个地点、线长面广,甚至跨越行政区,使得行政职能属地化后,土地确权工作的难度和办公成本均显著提升。在内蒙古垦区,国有农用地主要分布在国有林区、草原和河套平原，涉及地域广泛，且时间跨度长。这里存在国有土地使用权证与林权证、草原使用证相互交叉重叠的问题。而黑龙江垦区有113个农（牧）场，其中55个农场跨越两个以上的县（市、区），涉及81个县、区。以8511农场为例，它横跨3个地市的4个县、市、区，使得土地归属的确权登记工作面临诸多困难。

从时间角度分析，关于国有农用地管理的规范性文件在更新换代过程中，出现了明显的衔接不流畅问题。由于国有农用地管理体制历经长时间的演变和改革，新旧规定在许多方面，包括管理主体和管理内容等，都出现了无法顺利衔接的困境。在管理主体方面，机构的拆分、合并和更名，导致操作规程受到影响。以安徽省垦区的实际情况为例，根据安徽相关文件要求，农垦改革过渡期结束后，安徽省农垦事业管理局将停止运作。1998年《关于对省农垦公司在小城镇建设中发放"一书一证"请示的批复》（建村〔1998〕321号）中赋予安徽农垦在小城镇建设中实施"一书一证"统一管理权限的规定可能不再适用，导致农垦在土地总体利用规划范围外的土地无法进行项目建设。在管理内容方面，政策变动也对土地权属登记工作产生了影响。以房屋所有权证和国有农用地使用权登记的衔接为例，2001年以前，农垦规模化种养殖用地按照工矿建设用地进行管理，企业所建生产设施能够顺利获得房屋所有权证；然而2001年政策调整后，规模化种养殖用等设施农用地改为按农用地管理，原先划为建设用地的土地被重新归类为农用地，导致国有农用地与房屋所有权证无法统一登记。因此，在土地权属变更登记过程中，如何将国有设施农用地与已经取得房屋所有权证的地上房屋合并登记，成了一个亟待解决的重大政策性问题。

从概念角度分析，国有农用地使用权相关术语的界定不够明确，导致地方管理者拥有较大的自由裁量权。在实际操作中，部分参与土地管理工作的相关方未能准确区分"行政管理权"和"土地使用权"的概念，导致在土地权属调查中出现偏差。以江苏省东台市水务局为例，该局在东台市政府的支持下,主张对流经新曹农场、弥港农场涉及的河道堤防管理处河道及河堤管理区共22宗地块进行重新指界和权属调查。该局要求将此地块作为行政管理主体,并申请领取该地段的国有土地使用权证。这一行为导致部分农场土地确权换证工作陷入僵局。为了解决这一问题,建议对国有农用地使用权相关术语进行更严谨、准确的界定,减少管理者的自由裁量空间。同时,加强相关方的培训和教育,确保在执行土地管理政策时准确区分"行政管理权"和"土地使用权"的概念,避免在土地权属调查中出现混淆。

3. 权属认定规则不完备

(1)权源资料面临历史遗留问题

农垦国有农用地主要源自国家划拨或农村转制,理应有明确的批复文件和场间规划图等资料,以明确土地范围界线。然而,由于隶属关系的变动或管理问题,部分农场的土地权源与地籍资料严重缺失,使得国有农场与周边农村之间频繁发生关于国有农用地所有权或使用权的争议。

首先,隶属关系的变动导致权属争议问题。特别在国有农场方面,由于其多数成立于20世纪80年代以前,隶属关系的变更使得权属的认定变得相当复杂。以河北省廊坊市的大城农场为例,1996年土地部门在进行土地确权时,并未将农场视为独立的权属单位,错误地将农场所属土地全部划归周边村街,并颁发了集体土地所有权证。此后的规范性文件中,并未对这一错误进行纠正或重新确认。这一土地管理上的失误,增加了国有农用地确权清查的难度,导致2014年当地政府在将1549.29亩土地确权给农场时产生了争议。最终,廊坊市法制办公室以确权文件未经公示、程序不合法为由,下发了行政复议终止决定书。

其次,地籍管理的不规范给确权登记带来了挑战。许多农场仅保留了早期的建设资料而未及时进行土地权属登记,导致对土地数量和动态变化缺乏统计和评估。早期管理水平的影响,使得已登记的地籍材料中仅包含政府批准的全场土地总面积,而缺乏每块土地的准确面积和清晰界址。此外,政府部门在清查和收回国有农用地方面的责任主体与职能不明确,导致侵占国有农用地的成本较低,而农垦企业收回国有农用地的成本较高。部分村民通过长期占用农场土地、租赁期限届满后拒不归还土地、在农场转产种植树木时抢种土地等方式侵占国有农用地。据河南省农业农村厅反映,一些国有农用地长期被周边村庄、其他单位或个人侵占,即便农场已完成登记发证,仍难以收回土地。个别农场关于争议土地的问题,即使法院已经作出裁决,但执行仍然困难重重。

可见,由于隶属关系的变动和地籍资料管理的不规范,国有农用地使用权确权工作遭遇了诸多阻碍。

(2)确权纠纷的解决缺乏制度供给

面对农场职工或农村村民以“祖宗地”之名对国有农用地的权利主张,2019 年《土地管理法》采取先由当事人协商,再经人民政府决定,最后诉请人民法院裁决的程序设计,并规定在争议未解决前维持土地利用现状。在农村土地转制过程中,周边村落与农场交织在一起,导致土地界线模糊不清,进而引发取证和举证困难的问题。因此,各地在实际操作中,通常会依据土地的实际使用状况来确定土地使用权的归属,并制定了相应的所有权与使用权确权规则,以适应不同情况的需要。

以海南农垦东昌农场有限公司诉海口市琼山区人民政府土地权属行政确认及复议一案为例:在 2018 年,东昌农场与昌文村村民小组分别向琼山区人民政府提出土地确权申请。争议地段历史上曾为昌文村所有,但在国营大坡农场成立时,该地被政府划拨给农场使用。国营大坡农场于 2016 年转型为东昌农场。自 20 世纪 60 年代起,农场在争议地西侧种植橡胶,而村民则在争议地内种植橡胶等作物。根据《海南省土地权属确定与争议处理条例》第 9 条的规定,《农村人民公社工作条件修正草案》公布后至 1982 年 5 月 14 日《征用土地条例》发布以前,国有农场和周边农村集体经济组织相互越界使用至今的土地,现由国有农场使用的,土地使用权确定给国有农场;现由周边农村集体经济组织使用的,土地所有权确定给农村集体经济组织农民集体所有。昌文村村民以橡胶等作物的既有种植为由,主张该地段属于该村集体土地。然而,东昌农场提出反驳,引用1971年《广东省海南地区革命委员会关于"琼山区大坡地区土地规划报告"的批复》,该文件已将该地块确权给原广州军区生产建设兵团一师二团(东昌农场前身)用于种植橡胶,并明确要求双方严格遵守界线,不得互相占用土地。在此情况下,昌文村村民小组未能提供争议地段的承包经营合同或公粮缴纳凭证。因此,2018年《海口市琼山区人民政府土地权属争议处理决定》(琼山府字〔2018〕11号)对争议地段进行确权,其中50.47亩种植有村民橡胶等经济作物的土地确权为集体土地,而剩余的3.59亩则确权为使用权归属于农场的国有土地。

该案中,双方争议的焦点问题实际上是关于争议地段的权利确认,应以权属证明还是实际使用情况为主要依据。而确定何种确权规则更为合理,从根本上来说,是由国有农用地使用权的法律属性所决定的。如果将国有农用地使用权视为所有权的一项权能,那么我们可以通过确定使用权的归属来推断所有权的归属。然而,如果将其视为一种独立的他物权,那么所有权人和使用权人将是两个不同的主体,需要分别确定各自的权利归属。国有农用地使用权性质的模糊不清,导致在权利存在分歧时,确权规则存在潜在的法律隐患。[1]

(二)消除国有农用地使用权的认定障碍

消除国有农用地使用权认定的障碍,对于明晰其法律地位具有重要意义,并为进一步规范国有农用地经营利用行为奠定了坚实基础。

1. 明确国有农用地使用权的性质与基本内容

使用权是指在法律规定的范围内,权利人不改变财产所有权而对财产加以利用的权利。根据2020年《民法典》的规定,土地承包经营权、宅基地使用权、建设用地使用权和居住权均属于使用权范畴。同时,依据

---

〔1〕 刘俊杰、顾庆康:《国有农用地使用权抵押贷款的现实困境及其成因分析——基于供需型信贷配给视角》,载《农村金融研究》2022年第9期。

2001年《国务院办公厅转发〈国土资源部、农业部关于依法保护国有农场土地合法权益的意见〉的通知》,应依法确认国有农场土地使用权并依法保护其权益。

原《土地登记办法》(国土资源部令第40号)第2条规定了国有土地使用权及集体土地使用权属于土地登记的权利范畴,并明确指出国有土地使用权包括国有建设用地使用权和国有农用地使用权。现该办法已被《不动产登记暂行条例实施细则》所替代,以承包经营以外的合法方式使用国有农用地的国有农场、草场,以及使用国家所有的水域、滩涂等农用地进行农业生产,申请国有农用地的使用权登记的,应参照《不动产登记暂行条例实施细则》有关规定办理。

此外,2015年《中共中央、国务院关于进一步推进农垦改革发展的意见》明确提出有序开展农垦国有农用地使用权抵押、担保,并采用了"国有农用地使用权"概念,指明了农垦国有农用地使用权的改革方向。然而,目前的相关规范性文件并未对国有农用地使用权这一概念进行明确定义,导致其在确权登记及与其他权利辨析时存在困难。因此,应消除国有农用地使用权权利性质认定的障碍,明确其法律地位,加强国有农用地权利体系建设,遵循物权法定原则,从法律层面明确定义国有农用地使用权的概念,并确定其权利性质与基本内容。

(1)明确国有农用地使用权的用益物权性质

根据物权的定义,用益物权作为物权的一种,是指非所有人对他人之物享有的占有、使用、收益的排他性权利。在实际应用中,国有农用地使用权已呈现出用益物权的特性。但在法律层面上,2007年《物权法》并未将国有农用地使用权归类为用益物权,而2020年《民法典》在修订和调整2007年《物权法》的内容后,也未对此进行明确规范。

为了明确国有农用地使用权的权利性质,建议将其定性为用益物权。这一举措不仅有助于明确国有农用地使用权的性质,而且与2015年《中共中央、国务院关于进一步推进农垦改革发展的意见》所提出的农垦国有农用地改革方向相契合。明确国有农用地使用权的权利性质,有助于深化农垦管理体制与经营机制的改革,完善垦区现代企业制度,明晰农垦产权关系,构建权利与义务关系明晰的国有农用地管理制度。这将确保农垦国有土地使用权登记发证任务的顺利完成,推动现代化农垦管理体制与经营机制的建设,进一步巩固农垦在我国国有农业经济中的骨干与代表地位。

为确保国有农用地使用权的合法性及权威性,我们必须从法律层面对其进行明确。按照物权法定原则,全国人民代表大会或其常务委员会应当制定相关法律,对国有农用地使用权进行明确定义和规范。在定义中,我们应对国有农用地的范围进行界定,并详述其使用权的基本权能。由于国有农用地使用权是国有农用地所有权派生而来,其基本权能应与所有权保持一致;但同时国有农用地使用权又是独立于所有权的他物权。因此,我们建议将国有农用地使用权定义为:法人、非法人组织等依法对全民所有的从事种植业、林业、畜牧业、渔业等农业生产的土地享有的占有、使用、收益、部分处分,并排除他人非法干涉的权利。通过明确国有农用地使用权的性质,我们能够为相关权益的认定提供坚实的法律依据。

(2)明确国有农用地使用权基本内容

根据取得方式的不同,我国国有农用地使用权主要分为划拨国有农用地使用权、出让国有农用地使用权、作价出资(入股)国有农用地使用权和授权经营国有农用地使用权四种。不同方式取得的国有农用地使用权在权利义务、使用期限、收益分配等方面存在差异。

①划拨国有农用地使用权。根据县级以上人民政府的依法批准,土地使用权划拨是指土地使用者在缴纳补偿、安置等费用后,政府将该幅土地交付其使用,或者无偿交付土地使用权的行为。划拨国有农用地使用权是指通过划拨方式取得的国有农用地使用权,除法律、行政法规另有规定外,该使用权无使用期限限制。在我国,划拨方式是农垦国有农用地使用权取得的主要方式。根据《中共中央、国务院关于进一步推进农垦改革

发展的意见》规定，对农垦改革改制中涉及的国有划拨建设用地和农用地，可根据需要采取国有土地使用权出让、租赁、作价出资（入股）和保留划拨用地等方式处置。2016 年《关于扩大国有土地有偿使用范围的意见》（国土资规〔2016〕20 号）规定，农垦企业改革改制中涉及的国有农用地，国家以划拨方式处置的，使用权人可以承包租赁。由此可见，划拨国有农用地使用权本身权能受到限制，但可以转化为以其他方式获取的国有农用地使用权。

②出让国有农用地使用权。土地使用权出让是指国家作为土地所有者，将其拥有的国有土地使用权在一定期限内让渡给土地使用者，并由土地使用者向国家支付土地使用金的行为。地方政府可以采用拍卖、招标、挂牌或双方协议的方式出让国有农用地使用权。一旦受让方取得国有农用地使用权，他们有权根据合同对国有农用地进行开发、利用和经营。此外，受让方还有权将依法取得的出让土地使用权进行转让、出租和抵押。值得注意的是，出让国有农用地使用权的期限是有限制的，一般不超过 50 年。

③作价出资（入股）国有农用地使用权。土地使用权作价出资（入股）是国家将一定年期的土地使用权作为投资加入股份有限公司或有限责任公司，实现土地使用权转化为国家对企业的资本或股本的行为。在权能方面，作价出资（入股）的国有农用地使用权与出让的国有农用地使用权具有相似的权能，可以在使用期限内依法进行转让、出租和抵押。

④授权经营国有农用地使用权。根据 2016 年《关于扩大国有土地有偿使用范围的意见》（国土资规〔2016〕20 号），以授权经营方式获得的国有农用地使用权，其使用年限不得超过 50 年。在有效期内，使用权人享有承包租赁、转让、出租、抵押等权利。此举旨在规范国有土地使用权的合理配置，促进土地资源的有效利用，确保国有土地资源的合理使用与保护。

2. 健全国有农用地使用权认定范围与认定规范的衔接机制

确权登记是国家确认国有农用地使用权的关键程序，因此，完善国有农用地使用权的登记制度与规范，本质上也是对国有农用地使用权认定制度与规范的完善。

（1）化解使用权认定范围的冲突

根据现行《土地利用现状分类》（GB/T 21010—2017），农用地被严谨地划分为“耕地、园地、林地、草地”四大一级类。为确保政策的一致性，2019 年修正的《不动产登记暂行条例实施细则》也相应地采纳了这一分类标准，值得一提的是，原先遗漏的“园地”在此次修正中得到了补充。此外，《不动产登记暂行条例实施细则》还展现了其理性和官方的态度，将原先归属于“四荒”的未利用地纳入了农用地使用权登记的范畴。在具体的操作流程中，为确保信息的完整性和准确性，应在农用地“不动产权证书”中明确标注“其中未利用地 × × 平方米”。

尽管这些规定是在权衡了过去各类土地利用类型的基础上制定的，但仍需注意，《土地利用现状分类》（GB/T 21010—2017）中提及的其他草地、河流水面、湖泊水面、沿海滩涂、内陆滩涂、沼泽地、冰川及永久积雪、盐碱地、沙地、裸土地、裸岩石砾地应统一归类为未利用地。为了增强管理的规范性，这些未利用地的具体面积应在农用地“不动产权证书”的“附记”栏中详细记录。

（2）完善使用权认定规范的衔接机制

针对我国当前不动产产权登记工作所面临的属地管理问题，特别是内蒙古、黑龙江等垦区的国有土地分布范围点多、线长、面广、跨行政区、历史跨度大等特点，建议采取分类办理的策略。在实施过程中，应首先对土地进行精确测量，按照行政区划和地类标准对拟发证地块进行划分。随后，安排专业人员分别对接不同县、区人民政府及其不动产权登记部门，确保工作有序开展。只有在完成上述步骤后，我们才能进一步探讨如何依法简化程序、提高效率并厘清多证交叉的问题。通过这样的方式，我们将确保不动产产权登记工作的严谨性和稳重性,同时体现官方的理性和权威性。

某些垦区主管部门,如安徽与广西的农垦部门,原有部分建设规划审批权,然而按照政策要求,这些权利已被取消。这一变革是大势所趋,不可避免。为应对这一情况,垦区管理部门应抓紧政策过渡期,充分利用相关优惠政策,完成农垦企业化发展所需规划与立项备案的审批工作。同时,应将国有土地合理纳入新一轮国土空间规划。此外,加强与农场属地的土地、规划、建设等管理部门的沟通与联系,确保原有农垦土地、规划等管理资料全面、规范、完整地移交至地方,实现“无缝对接”,避免出现断档、漏洞和“扯皮”现象。

2001 年以前,农垦规模化种养殖用地按工矿建设用地管理,企业所建生产设施能够取得“房屋所有权证”。2001 年后,规模化种养殖用地等设施农用地按农用地管理,原有建设用地被调整为农用地,导致设施国有农用地与已颁发“房屋所有权证”的房屋无法统一登记。对此可以借鉴广西贵港市的实践经验,采取“地随房走”的措施,将已颁发“房屋所有权证”的地块全部调为国土空间规划中的“存量建设用地”,或调为“预留建设用地”后补办农用地转用手续,补缴相关费用。当房屋所占的土地全部成为建设用地后,即可办理“房地一体”的“不动产权证书”。

国有农用地使用权的界定在大部分情况下是清晰的,但在某些地方出现了混淆“行政管理权”与“土地使用权”的现象,这显然是对相关政策的理解存在偏差。以江苏新曹农场、弥港农场涉及的河道堤防管理处河道及河堤管理区为例,地块的行政管理单位错误地领取了国有土地使用证,这显然是确权过程中的失误。

再来看广西农垦火光农场的情况,该农场有一地块位于黄淡水库水域中央,几乎成为一座独岛。1975 年 9 月,火光农场与周边村民集体签署了场社划地协议书,其中明确规定种植橡胶的黄淡水库内 500 多亩土地的使用权归火光农场。此外,2002 年东兴市人民政府第 16 号处理决定已经明确这500多亩水库内岛屿土地的所有权归国家所有、土地使用权归火光农场。然而，在2018年火光农场申请发证时，黄淡水库管理处以土地全部位于水库“管理区域”范围为由，要求将该岛屿土地确权发证给水库管理处。面对这一情况，广西农垦集团协同火光农场联系东兴市人民政府，引用了原国家土地管理局出台的《确定土地所有权和使用权的若干规定》第12条“水利工程管理和保护范围内未经征用的农民集体土地仍属于农民集体所有”的规定。在此基础上，他们主张未经收回的国有农场土地仍属于火光农场。同时，参照《江西水库管理范围规定》第8条“国家所有的水库保护范围内，土地所有权和使用权不变，土地的使用应当接受水库管理单位的监督”的规定，经过多次协调，东兴市人民政府明确了管理范围只是管理概念，管理范围内的土地使用权是权属概念，不能混为一谈。最终，东兴市人民政府召开协调会，将该岛屿土地确权登记证发给了火光农场。

3. 完善国有农用地使用权权属的认定规则

针对前述国有农用地使用权确权登记所面临的认定障碍，应进一步完善相关制度，确保其科学性和严谨性。在完善制度的过程中，需要充分考虑历史因素，尊重历史事实，确保制度的合理性和公正性。同时，应采取有效措施，妥善解决国有农用地使用权权属纠纷，确保权属关系的清晰明确。在此基础上，应对国有农用地使用权进行合理确权发证，确保其合法性和有效性。

（1）加大力度解决国有农用地使用权确权纠纷问题

近年来，随着《中共中央、国务院关于进一步推进农垦改革发展的意见》的发布，各垦区的土地确权登记工作虽然取得了一定的进展，但仍面临诸多挑战。其中，国有土地被侵占或权属纠纷问题尤为突出。以安徽农垦为例，自2000年开始，该垦区逐步开展土地确权工作。截至2015年年底，已有18个农场完成确权发证，涉及土地面积88.30万亩，完成比例高达92.06%。到2018年8月，累计发证面积已增至94.2132万亩（不含争议区),确权发证率达到 100%;而到了 2019 年年底,安徽农垦的不动产权登记换证率已接近 90%。然而,仍有 10% 的土地未能完成确权,主要原因是与地方政府和周边农村的土地权属存在较大争议。例如,焦岗湖农场位于阜阳市颍上县,该农场已于 2000 年之前完成了土地确权登记工作,涉及约 3 万亩土地,包括 2 万亩水面面积。然而,颍上县有关部门未经调查和农场同意,擅自将部分水面发包给其他单位用于生产经营,从而引发了纠纷。安徽农垦已多次与颍上县人民政府、县农委与自然资源和规划局进行沟通协调,但仍未达成共识。因此,亟须加大力度解决国有农用地使用权确权纠纷问题。

①妥善解决权源资料残缺造成的确权遗留问题

根据相关规定,农垦国有农用地主要由国家划拨或通过农村转制形成。通常情况下,农村集体土地转化为国有土地是不可逆的,即无法再恢复为农村集体土地。因此,已划拨为国有的土地应当保持其"国有土地"性质不变。

针对隶属关系变动或地籍管理不规范导致的农场土地权源与地籍资料不全、土地界线不清等问题,农场应积极与当地乡镇、县级或县级以上人民政府及其不动产登记部门合作,深入开展权籍调查和测绘工作。通过实地踏勘取证、结合当前耕种经营实际用地人情况,由不动产登记部门进行"公告"发证。经公告后无异议或异议不成立的,将为国有农场发放相关证书;存在争议的,应由县级或县级以上人民政府按照规定程序进行争议调处,调处无异议后再行发证,如有异议可提起行政复议。对一审法院判决不服的可以上诉,直至解决确权问题,方可办理登记发证。

②正本清源,纠正"祖宗地"等确权偏差

关于周边村民以"祖宗地"为由对国有农用地提出权利主张的问题,必须明确指出,中华人民共和国成立以来,没有任何法律法规或政策承认过"祖宗地"这一概念。因此,这一主张是没有法律依据的。对于如何处理这一问题,应充分依靠县级或县级以上人民政府行使确定土地权属的权力。以海南农垦东昌农场有限公司诉海口市琼山区人民政府土地权属行政确认及复议案为例,琼山区人民政府根据该土地上村民种植橡胶等经济作物的历史事实以及相关法律法规如 2008 年《海南省土地权属确定与争议处理条例》第 9 条的规定,作出了将该土地中的 50. 47 亩确认为集体土地,而将剩余的 3. 59 亩确认为农场享有使用权的国有土地的决定。然而,这一决定仍需进一步商榷。其原因有二:一是 1971 年原广东省海南地区革命委员会的批复已将该地块确权给原广州军区生产建设兵团一师二团用于种植橡胶,并要求双方严格遵守界线,不得互相占用土地;二是根据原国家土地管理局《确定土地所有权和使用权的若干规定》第 16 条第 2 款规定,在特定时期内,全民所有制单位、城市集体所有制单位使用的原农民集体所有的土地,如签订过土地转移等有关协议或经县级以上人民政府批准使用,属于国家所有。因此,在处理此类土地权属争议时,政府应遵循权属凭证优于实际使用状况的原则。

(2)完善国有农用地使用权确权登记制度

国有农用地使用权确权登记颁证是推进国有农用地使用权有偿使用改革和加大国有农用地保护力度的前提条件。根据物权公示原则,对国有农用地使用权进行不动产权登记是最直接有效的保护方式。农垦国有农用地不动产权登记发证工作,应在国有农用地使用权确权的基础上依法开展,确保土地权属关系、用途、面积等情况的准确记录。这是土地管理的重要环节,也是保障农垦国有农用地权益的重要手段。

①完善登记内容

2020 年《民法典》和 2019 年修订的《不动产登记暂行条例》等相关法律法规,对于国有农用地使用权的登记问题并未作出明确规定。2019 年修正的《不动产登记暂行条例实施细则》作为部门规章,在第 52 条和第 53 条中对国有农用地使用权登记进行了规定。然而,这些规定并未从根本上解决国有农用地使用权登记的法律缺失问题。

首先,尽管《民法典》和《不动产登记暂行条例》等法律法规对国有农用地使用权问题有所涉及,但至今仍未对其作出明确的法律规定。这意味着国有农用地使用权登记只有政策依据,而缺乏法律基础。

其次,《不动产登记暂行条例实施细则》中的"申请国有农用地的使用权登记"表述不够准确,未能明确界定国有农用地使用权的内涵和外延。这可能导致人们对"国有农用地的使用权"产生误解,将其理解为利用他人的耕地、林地、草地等农用地从事农业生产的权利。

因此,为确保国有农用地使用权登记发证制度的完善性,亟须对相关法律法规进行修订和完善,以明确国有农用地使用权的法律地位,并规范其登记程序。

为确保国有农用地使用权在法律上的明确性和统一性,建议在《土地管理法》或《土地管理法实施条例》等相关法律法规中,对国有农用地使用权的内涵、外延、权利类型及权利主体等内容进行明确规定。同时,在《不动产登记暂行条例》中,应明确规定国有农用地使用权的确权登记发证程序,以区别于其他类型的土地权利,如农村集体土地承包经营权等。此外,应明确国有农用地使用权与其他相关权利如国有农用地承包租赁权、国有农用地租赁权等的区别。通过这些规定,可以为国有单位办理国有农用地使用权确权登记发证提供确切的法律依据,从而打破目前在权利性质、权利范围和权利归属等方面认定国有农用地使用权的困境。

经过全面分析,我们发现农垦国有农用地"三权分置"是可行的。具体来说,国有农用地的所有权归国家所有,使用权则归不动产权证书上指定的农垦单位;至于经营权,它既可由承包土地的职工或承租土地的个人及单位拥有,也可由直接经营农用地的农垦单位拥有。值得注意的是,"三权"主体中,只有农垦单位能同时拥有占有权、使用权、收益权以及部分处分权。关于经营权的约定,我们可以通过合同方式进行,但必须明确这并不等同于集体土地的承包经营权,以避免产权误导和纠纷。

②完善登记程序

建立一套健全的国有农用地使用权登记制度,是确保农垦国有农用地确权登记发证工作顺利进行的关键措施。优化国有农用地使用权登记制度,首先需要提升确权登记工作的效率。农用地权属证书可以在一定程度上保障权利者的土地使用权益,推动不动产登记工作的有效开展,并有助于将国有农用地与农民集体所有制农用地区分开来,促进国有农用地的合理管理。

此外,要构建合理且完善的确权登记流程。虽然《不动产登记操作规范(试行)》(国土资规〔2016〕6 号)对集体土地所有权、国有建设用地使用权、宅基地使用权、集体建设用地使用权等权利的登记流程与注意事项进行了明确规定,但并未涉及国有农用地使用权的登记方式。由于缺乏专门的法律依据,确权过程中存在诸多技术困难与法律障碍。

完善国有农用地确权登记专项法律法规至关重要,能为确权登记工作提供有效的法律支撑。建议在《不动产登记操作规范(试行)》中明确规定农垦国有农用地使用权的登记发证主体为具有独立法人地位的国有农场等单位,并参照其他国有土地权利登记事宜规范国有农用地使用权的登记流程与登记材料,为规范国有农用地使用权登记提供法律依据。

在国有农用地确权登记的操作中,应遵循以下原则:首先,对已有的确权登记结果进行合理规范,确保登记的准确性和完整性。自然资源管理部门需承担起责任,做好登记成果的信息化管理工作,以便更好地服务于后续的利用工作。其次,需要加快对国有农用地的权籍调查,充分利用现有的调查成果,全面查清国有农用地的权利归属、用途、面积等关键信息。最后,为确保确权登记工作的顺利进行,需要将工作流程制度化,严格按照《不动产登记暂行条例实施细则》中的程序要求,针对不同地类进行确权登记,以提升整体的确权登记效率。

(三)积极稳妥推进国有农用地有偿使用

国有农用地作为重要的生产资料,承担着保障国家粮食安全和重要农产品有效供给的使命。为优化资源配置,充分挖掘土地资源的价值,亟须创新农垦农用地资源配置方式,并稳妥推进国有农用地的有偿使用。

这不仅是提高土地利用效益、增强农垦改革发展动力和活力的关键,更是应对当下挑战、谋求长远发展的必然选择。为此,我们应深入理解国有农用地有偿使用的内涵,明确其重要性和必要性,并积极探讨推进这一改革的有效路径。

1. 国有农用地有偿使用的界定

国有农用地有偿使用和土地划拨,是一对重要对比概念。1992 年原国家土地管理局《划拨土地使用权管理暂行办法》第 2 条明确规定:“划拨土地使用权,是指土地使用者通过除出让土地使用权以外的其他各种方式依法取得的国有土地使用权。”而在 1994 年《城市房地产管理法》第 23 条对土地使用权划拨的定义则是县级以上人民政府依法批准,在土地使用者缴纳补偿、安置等费用后将该幅土地交付其使用,或者无偿将土地使用权交付给使用者使用的行为。通过划拨方式获得的土地使用权,通常没有明确的使用期限。

根据 2014 年《土地管理法实施条例》第 29 条的规定,土地有偿使用主要采用以下三种方式:出让、租赁和作价出资(入股)。1998 年《国有企业改革中划拨土地使用权管理暂行规定》(国家土地管理局令第 8 号)明确要求“国有企业使用的划拨土地使用权,应当逐步实现有偿使用制度”。同时,该规定还提出,在国有企业改制过程中,涉及的划拨土地使用权经过批准后,可以采用授权经营方式进行处置。从此,土地有偿使用的方式扩大为四种:出让、租赁、作价出资(入股)和授权经营。

根据 1990 年《城镇国有土地使用权出让和转让暂行条例》第 8 条的规定,土地使用权出让被明确定义为国家以土地所有者身份将土地使用权在一定年限内让与土地使用者,并由土地使用者向国家支付土地使用权出让金的行为。而 1998 年《国有企业改革中划拨土地使用权管理暂行规定》则明确了另外三种国有土地的有偿使用方式。

首先,国有土地租赁是指土地使用者与县级以上人民政府土地管理部门签订一定年期的土地租赁合同,并按期支付租金的行为。土地租赁合同在得到出租方同意后可以进行转让,但需改变原合同规定的使用条件,并重新签订土地租赁合同。签订和转让土地租赁合同均需办理土地登记和变更登记手续。租赁土地上的房屋等建筑物、构筑物可以依法抵押,当抵押权实现时,土地租赁合同同时转让。

其次,国家以土地使用权作价出资(入股)是指国家将一定年期的国有土地使用权作价,作为对改组后新设企业的出资,该土地使用权由新设企业持有,并依照相关土地管理法律法规进行转让、出租或抵押。土地使用权作价出资(入股)形成的国家股股权由有批准权的人民政府土地管理部门委托有资格的国有股权持股单位统一持有。

最后,授权经营是国家根据需要,将一定年期的国有土地使用权作价后授权给经国务院批准设立的国家控股公司、作为国家授权投资机构的国有独资公司和集团公司进行经营管理。国有土地使用权授权经营需经国家土地管理局审批,并发放国有土地使用权经营管理授权书。被授权的国家控股公司、作为国家授权投资机构的国有独资公司和集团公司凭此授权书,可向其直属企业、控股企业、参股企业以作价出资(入股)或租赁等方式配置土地。企业需持土地使用权经营管理授权书和其他相关文件,按规定办理变更土地登记手续。

以上四种有偿使用是专门针对国有建设用地来说的。根据 2015 年《中共中央、国务院关于进一步推进农垦改革发展的意见》,国有农用地有偿使用的方式得到了进一步明确和规范。该意见将有偿使用延伸至国有农用地,并提出了以下几种主要方式:出让、租赁、作价出资(入股)和授权经营。对于农垦企业改革改制中涉及的国有划拨建设用地和农用地,可根据实际需求选择上述方式进行处置。此外,对于省级以上政府批准实行国有资产授权经营的国有独资企业、国有独资公司等农垦企业,其使用的原生产经营性国有划拨建设用地和农用地,可以采取作价出资(入股)、授权经营等方式处置。同时,该意见还提出,将有序开展农垦国有农用地使用权抵押、担保试点工作,探索股份合作等模式,作为对主要方式的进一步延伸和补充。这些措施旨在推进农垦改革发展,优化资源配置,促进农业现代化建设。

国有农用地的功能定位不同,其有偿使用方式也会有所差异。对于以经营开发为主要功能的国有农用地,我们应更多地采取出让、租赁、作价出资(入股)、授权经营等有偿使用方式。这样的方式有利于充分实现土地资源的有效配置,促进农业生产的持续发展。

2. 积极推进国有农用地有偿使用的缘由

为确保农业生产的高效进行,应重新审视农用地的使用问题。当前,大部分农用地处于无偿使用状态,这在一定程度上导致了土地的粗放经营和行业负担的不平等。由于使用者无须支付任何费用,部分人可能缺乏珍惜土地的意识,未能实施精细化的经营与耕作,部分土地甚至长期荒芜。此外,相关数据显示,土地作为最重要的农业生产要素,在生产成本中的占比最小。这种情况不仅会影响人们对土地价值的正确认识,还可能引发对土地的轻视。无偿使用还可能导致农产品价格的失真,从而影响农作物的生产方式。没有价格激励,务农人员可能过度依赖化肥,忽视对土地的长期保护和地力的培养。因此,为了适应市场经济、调整农业结构并有效保护地力,我们应摒弃传统的无偿用地观念,突破现有的产权约束,实行国有农用地的有偿使用制度。这不仅有助于提高土地的利用效率,还能促进农业的可持续发展。

以安徽农垦为例,为解决划拨土地的弊端,安徽农垦采取了有偿使用的改革措施。根据现行法律法规,划拨土地的权能不完整,难以进行市场流通和融资,导致农垦企业资产负债率偏高,未能充分利用土地资源的优势。在未实施土地作价出资前,安徽农垦的土地仅被视为资源使用,未确认其资产价值,资产负债率高达81.5%。同时,人员众多、社会负担重、融资渠道有限等问题也制约了企业的发展。

为解决这些问题,2014年年底,在安徽省委省政府的支持下,安徽农垦将已确权登记的304宗土地按经备案的国有土地资产评估结果

2, 409, 495. 84 万元作为国有资本金注入农垦集团公司,采取了作价出资的有偿使用方式。在此基础上,安徽农垦进一步探索国有农用地使用权抵押担保。2019 年 8 月,中国人民银行合肥中心支行印发《关于征求开展农垦国有农用地使用权抵押贷款试点意见的函》,就国有农用地抵押贷款工作机制、改进农垦国有农用地金融服务等方面征求安徽农垦意见。安徽农垦结合乡村振兴发展规划的实施,认为需要进一步盘活农垦土地资源,使垦区资源变资产、资产变资本、资本变股本。为此,安徽农垦给予《关于农垦国有农用地使用权抵押贷款有关问题的复函》,表达了开展农垦国有农用地抵押贷款的必要性,并就开展国有农用地抵押贷款提出了相关意见。

由此可见,积极推进国有农用地使用权作价出资等有偿使用的制度改革,是国有农场剥离社会职能后,适应市场配置资源、推进垦区集团化、农场企业化改革发展的重要举措。

3. 完善国有农用地有偿使用的建议

(1)健全农垦农用地有偿使用的具体方式

针对农垦农用地有偿使用方式建设滞后的问题,需要采取一系列措施予以健全。首先,要引进市场竞争机制,将国有农用地作为国有资产进行企业化经营,用现代企业制度的规则和产品经营创收的理念来实现土地的资产化运作。这需要从观念和行动上转变土地资源的利用方式,将土地资源转变为不可再生的不动产,并可以像现金一样入股分红。只有树立这样的观念,才能从行动上落实土地的企业化经营。

其次,要明确农用地出让方式和出让收益分配。农垦国有农用地作为特殊形态的国有资产,应允许其连同农垦新增、存量建设用地一起办理协议出让,由农垦企业或农垦认同的相关国有企业优先取得。出让收益应在扣除成本后全额用于农垦企业的经济建设和发展项目。需要出台实施细则来规范出让方式和收益分配,以促进农垦企业的经济建设和发展。

再次,要健全统一规范的农用地承包租赁、抵押管理制度和合同范本。没有规矩不成方圆,长期以来,国有农场对内发包、对外出租土地存在合同不规范、责权利不清等问题。为了解决这些问题,需要制定统一规范的合同范本,明确土地使用权人和经营者的责权利,并建立违约处置措施和退出机制。这样可以提高国有农用地有偿使用的管理水平,减少历史遗留问题。

最后,还需要加强对“两田制”的管理。身份田管理可以严格按照相关政策要求职工退休必须退岗退地,但非职工承租农场土地时存在合同约定的租金偏低、租期过长等问题。针对这些问题,可以采取农场与承租人协商谈判的办法,兼顾周边土地市场价格行情,合情合理调增土地租金,补签土地出租补充协议,约定退出机制。同时,国有农用地出租需要引入招投标机制或竞争性谈判机制,根据市场法则确定土地租金标准及其增长幅度,而且租期一般不宜超过 5 年。此外,还需要加强对国有农用地承包租赁制度的规范和承包租赁行为的合同审查,明确规定土地承包人或承租人的行为规范,违反者要承担相应的违约责任和法律后果。

总之,健全农垦农用地有偿使用方式,需要采取一系列措施,包括引进市场竞争机制、明确农用地出让方式和出让收益分配、健全统一规范的农用地承包租赁、抵押管理制度和合同范本以及加强对“两田制”的管理等。这些措施将有助于提高农垦企业化经营水平、规范土地管理行为、促进农垦企业的建设和发展。

(2)完善国有农用地有偿使用的支持保障措施

①完善土地使用权转移登记的便利政策

国有农用地的有偿使用确实涉及过户登记的必要环节。然而,当前垦区国有农用地使用权转移变更登记进度迟缓,存在一些问题。部分垦区缺乏省级政府明确的支持政策,使得农场土地转移或作价出资变更至农垦集团名下的过程面临政策障碍和税费障碍。尽管部分垦区获得了省级政府支持国有农用地转移登记至集团的指导文件,但由于各市、县对政策的理解和执行力度存在差异,落实情况并不理想。

为了解决这一问题,我们应当借鉴先行垦区的成功做法,将农场国有农用地使用权转移或作价出资变更至农垦集团名下。为实现这一目标,省级政府应当出台相关文件,明确规定在性质用途不变的前提下,土地使用权转移或变更登记可享受免契税等税费的优惠政策。在完成土地过户后,应支持农垦集团根据实际需求进行作价出资(入股)。作价出资(入股)至农垦集团的土地可按需再授权给集团二级企业或控股参股的纯国有企业进行经营管理。

若无省级政府的明文规定,这一方案的实施将面临困难。因为涉及重大产权转移事项的决策权并不在各级自然资源管理部门的不动产登记机构手中。因此,我们迫切需要省级政府出台支持国有农用地有偿使用过程中的转移登记优惠政策,以推动垦区国有农用地使用权的顺利转移和变更登记。

②完善国有农用地资本化的操作规程

在国有农用地有偿使用改革过程中,一系列的审批和处置环节是必要的,但这些流程在实践中显得过于复杂。早在 2016 年 12 月,原国土资源部等 8 部门联合发布的《关于扩大国有土地有偿使用范围的意见》就增加了审批部门,进一步使程序复杂化。然而,某些环节有必要进行改革和简化。

对于不同的有偿使用方式,出台具有指导性的操作规程是必要的。这些规程应结合过去的文件,如原国土资源部 1999 年《关于加强土地资产管理促进国有企业改革和发展的若干意见》和 2001 年《关于改革土地估价结果确认和土地资产处置审批办法的通知》,并根据全国农垦国有农用地有偿使用的实际需求进行制定。

首先,关于国有农用地出让,需要解决多个问题,包括农垦企业是否需要缴纳出让金和契税、缴纳的标准是什么、地价评估方法的制定以及如何制定等。此外,还需要明确出让年限、被收回补偿安置标准制定、土地如何进入企业法人财产以及被收回后如何注销法人财产等问题。

其次，关于国有农用地作价出资（入股），也需解决一系列问题。例如，将其视为出让土地的同时是否对农垦企业免除契税和其他费用，如何简化程序，如何将该处置覆盖到农垦集团二级公司或控股参股纯国有企业等。又如，作价出资（入股）的年限、被收回补偿安置标准的制定、土地如何进入企业法人财产以及被收回后如何注销法人财产等。

对于授权经营的土地，需要明确授权经营土地的地价确定方式，即参照划拨土地，还是介于划拨土地、出让土地之间的地价来确定价格。如按后者确定地价，还需解决地价评估方法的制定等问题。同时，农垦集团能否二次授权给二级公司或控股参股纯国有企业、授权年限等问题也需要得到明确。

至于国有农用地的抵押担保问题，应明确哪些农用地可以用于抵押担保、抵押担保前银企沟通与土地评估、抵押担保签约以及抵押担保后到自然资源管理部门办理抵押担保登记等事项。在债务人无力偿还贷款的情况下，宜通过司法程序判定土地抵债方案，处置给债权人后允许再返租给农垦企业经营。

再次，需要完善定价和税费规定。国家层面应出台针对农垦国有农用地资产化资本化处置的定价机制和相关税费规定。明确农垦国有农用地出让、作价出资（入股）的地价按照市场出让地价对待，并由省级自然资源部门出台国有农用地出让地价评估方法指导意见。建议暂时按出让工业用地同等级地价执行，不属于市场交易的，免除契税和有关费用。同时明确农垦授权经营土地地价在划拨地价、出让地价之间的折中取值，免除契税和有关费用，以减轻农垦企业负担。

最后，地方政府应加大对农垦国有农用地资产化资本化工作的支持力度。在上述操作规范和定价、税费等规定出台后，各省、自治区、直辖市及其市、县应大力推进确权登记发证工作，确保“应确尽确、应发尽发”。同时，在有条件的地区建立土地资产交易中心，为需要办理国有农用地出租流转的农垦企业提供市场竞价交易平台和信息交流渠道。

三、国有农用地使用权出让

(一)国有土地使用权出让概述

我国属于社会主义社会,土地所有权属于国家。我国《宪法》对城镇用地的归属作出了明确的规定。1949 年后,国家对国有土地实行行政划拨和无偿使用的政策。在我国改革开放和改革开放的背景下,党的十四届四中全会明确提出实行国有土地使用权有偿出让和拍卖的政策,并在此基础上对国有土地的出让实行招标拍卖。这是为了适应新的社会主义市场经济体制,充分利用市场机制来实现资源配置的基本功能。

土地出让分为挂牌出让、协议出让、招标出让和拍卖四种。国家对国有土地使用权出让的土地面积、使用情况实行监督管理。首先,只能出让、转让城市的国有土地,即城市、县城、建制镇、工矿区等区域属于人民共有的土地;除了地下资源、地下埋藏物和市政设施以外,其余土地都是国有的。其次,土地出让条件、出让土地用途、出让年限等,由市、县人民政府土地主管部门会同市规划、建设主管部门、房地产主管部门拟订,并按国家有关部门的审批权限,报经批准后,由土地管理部门实施。用地使用权是按照城市发展规划和建设规划来确定的,其使用期限取决于土地的使用期限。在转移合同中,必须明确以上条款。如转让人因使用用途改变或申请延期,应在取得许可后重新签订合同并登记。对未按约定用途、期限、条件使用土地的,由市、县人民政府土地管理部门视情况给予警告、罚款直至无偿归还。房地产买卖的地价没有一个统一的标准,土地出让金的数额取决于土地开发成本、土地等级和用途;应根据土地使用年限、市场供求状况,确定评估价格、成本测算价格等。此外,应对政府有关部门的用地进行合理划分,明确用途,明确使用年限,建立评估体系,以指导土地出让。土地使用权人、受让人必须在一定期限内支付全部的土地出让金。

(二)国有农用地使用权出让概述

2015 年《中共中央、国务院关于进一步推进农垦改革发展的意见》明确提出国有农用地可采取出让、租赁、作价出资(入股)等方式进行流转。2016年,原国土资源部等8部门联合发布了《关于扩大国有土地使用权有偿使用范围的意见》,进一步强调了国有农用地使用权出让的方式及相关权能,为国有农用地使用权出让提供了明确的政策指导。

然而,在实际操作中,由于国有农用地使用权物权属性不明确、出让法律依据不足以及出让规则不清晰等问题,出让工作面临诸多困难。为了有效推动国有农用地使用权出让工作的顺利进行,必须从国家层面消除存在的法律和行政法规障碍。

因此,当前的首要任务是完善相关法律法规,明确国有农用地使用权的物权属性,制定出让规则和程序,确保出让工作有法可依、有章可循。这不仅有利于保障各方的合法权益,还能促进土地资源的合理配置和利用,推动农业现代化和农村经济的发展。

(三)国有农用地使用权出让中面临的法律障碍

1. 权属完整性的缺失

从法律和所有权归属两个层面来看,国有农用地在概念上明确了其土地性质。原《物权法》第134条首次在法律上提出了"国有农用地"这一概念,并根据使用主体的差异,将其细分为"国家所有由集体使用的农用地"和"国家所有非集体使用的国有农用地"。然而,原《物权法》并未将国有农用地使用权作为独立的用益物权进行规范,仅规定由土地承包经营权法律法规调整国家所有由集体使用的国有农用地。此外,《不动产登记暂行条例》并未将国有农用地使用权纳入不动产登记范围,而《民法典》物权编也未将其确立为新的用益物权。

国有农用地使用权的法律地位和权利属性一直存在争议,导致了适用的困境。若通过出让取得的国有农用地使用权不被认定为用益物权,则无法对抗第三人,使用权人的合法权益难以得到保障。同样,在转让中将国有农用地使用权视为所有权的一项权能,即所有权尚未分离的使用权,可能会引发国有土地所有权被转让的问题。因此,准确界定国有农用地使用权的法律地位和权利属性对于其出让至关重要。

2. 出让方式法定性的缺失

在改革开放之前,国有农用地的使用权是通过行政划拨的方式获得的。根据1950年实施的《土地改革法》第15条,县级以上人民政府可根据当地的情况,酌情划出一部分土地归国家所有,并用作一县或多县的农业试验场或国营示范农场。1995年原国家土地管理局发布的《确定土地所有权和使用权的若干规定》第36条明确规定:农民集体使用的国有土地,其使用权将根据县级以上人民政府主管部门审批、划拨的文件来确定。值得注意的是,无论是《宪法》《土地管理法》,还是1999年颁布的《土地管理法实施条例》,都没有涉及国有农用地的有偿使用问题。至于原《物权法》和《民法典》物权编,也未突破法律对出让方式规定的适用范围。由此可见,要进行国有农用地使用权出让方式的改革,至今缺乏明确的法律或行政法规规定。

3. 出让制度规范化的缺失

国有建设用地使用权出让已建立了完善的制度体系,其内容、程序和步骤都有明确的规范。然而,在国有农用地使用权出让的制度设计方面,尚未出台过相关的行政规章。尽管《国有建设用地使用权出让地价评估技术规范》中提到了该技术规范适用于国有农用地使用权出让,但仅对国有农用地使用权出让作了原则性规定。由于缺乏国家层面的政策支持,国有农用地使用权出让通常由农业农村、农垦等主管部门负责。除了《农用地分等规程》《农用地定级规程》等标准外,既没有规定国有农用地使用权的出让方,也缺乏农用地基准地价标准和发布相关制度政策。在出让合同文本制定方面,国有农用地使用权出让合同至今没有统一的格式和标准。

(四)解决国有农用地使用权出让相关问题的建议

1. 国有农用地使用权权利属性物权化

第一,自然资源主管部门需进一步优化对权利主体的保护机制。在设定的权利范围内，国有农用地使用权人依法享有土地的使用权、转让权、抵押权、租赁权等民事权利。为确保这些权利得到充分保障，所有权人需履行尊重用益物权人占有、使用、收益的义务。一旦发现非法侵占国有农用地行为，必须及时制止，并依法严肃查处。

第二，建立健全国有农用地二级市场交易机制，完善交易平台，规范交易规则。通过此举，保障使用权人顺利行使转让、出租、抵押等权利，确保其合法权益得到全面实现。

第三，完善国有农用地争议调处机制，对权属争议用地要深入调查事实背景和历史政策，并在此基础上合理确定权属。

第四，自然资源主管部门在制定国有农用地征收补偿政策时，需着重保护国有农用地使用权人物权利益的实现。首先，应明确征收国有农用地的补偿标准。其次，明确补偿主体为国有农场，因国有农场享有土地的长期使用权，土地补偿费应直接支付给国有农场。这实质上将国有农用地使用权视作一项用益物权，国有农用地使用权人在征收过程中应享有与土地承包经营权相似的物权利益。

总之，自然资源主管部门应积极推动国有农用地使用权物权化进程，并在未来的不动产登记立法中将国有农用地使用权纳入登记范围。这将为国有农用地使用权视同用益物权提供便捷途径。

2. 国有农用地使用权出让方式法定化

当前，国有农用地使用权出让改革限于农垦系统范围内，覆盖面不全、制度不健全，市场在资源配置中的作用未能充分发挥。因此，我们建议尽快借鉴国有建设用地出让的成功经验，推广具有普遍性和可复制性的做法，以促进国有农用地使用权出让的普及。将出让作为推进农垦土地资源资产化和资本化的主要手段，创新农垦土地资产配置方式，能为国有农用地使用权法定化奠定基础。正如“立法的根基仍是相应的社会需求，一旦社会提出了需求，法律应当以合适的制度来反映这种需求”。

对于历史遗留问题，我们提出以下处理建议：自然资源主管部门应开展国有农用地的权源调查,对不符合行政划拨条件或尚未确定取得使用权的土地进行分类。对于不符合行政划拨主体资格取得土地使用权的,可通过补缴出让金的方式进行调整。对于实际占有尚未确定使用权的,可将使用者在国有荒地开垦所付出的成本折价为出让金,取得一定年限的土地使用权,用协议或“招拍挂”出让方式明确合同双方之间的权利和义务。对于权属有争议的,应通过权属争议调处机制进行处置。

此外,为了推动出让入法,我们建议修改相关条例。国有农用地使用权出让是从土地所有权中分离出来让与土地使用者的一种权利转移方式,其实质是国家行使对国有土地财产的处分权。鉴于国有农用地使用权出让只改变使用的权利主体,不涉及农用地转用等土地用途的改变,因此建议对《城镇国有土地使用权出让和转让暂行条例》中针对国有建设用地使用权出让的相关条款进行修改,增加国有农用地使用权出让的相关内容。

3. 国有农用地使用权出让制度规范化

一是制定“招标拍卖挂牌国有农用地使用权规定”或修改《招标拍卖挂牌出让国有建设用地使用权规定》,规范国有农用地“招拍挂”出让方式。同时,明确国有农用地使用权出让内容、程序和步骤,确保出让行为的规范性。鉴于《协议出让国有土地使用权规定》可适用于国有农用地使用权出让,且其内容相对概括,故可通过增补协议出让的相关内容,避免另行制定行政规章或其他规范性文件。

二是建立国有农用地使用权出让底价确定制度。由于农用地转用及规划条件与国有农用地使用权出让无关,因此,核心问题在于确定合理的出让底价。建议自然资源主管部门开展国有农用地等别调整评价和监测工作,重点规范基准地价的制定,确保在同一土地级别范围内同类用途的区域性土地使用权价格公平合理,作为政府的指导性价格及评估参考依据。

三是制定《国有农用地使用权出让合同》示范文本。该类合同旨在实现公共利益或行政管理目标，具有较强的行政性，因此应包含自然资源主管部门对合同履行的监督、对未按合同约定利用土地的纠正和处罚，甚至包括无偿收回土地使用权等内容。同时，该示范文本应以规范性文件的形式发布，以确保合同的规范性和统一性。[1]

---

〔1〕 刘旭华：《国有农用地使用权出让中相关问题研究》，载《中国土地》2020 年第 11 期。

第五章　国有农用地承包经营权

第一节　国有农用地承包经营权概述

作为国有农业经济的核心力量，农垦的主营业务聚焦于农业生产经营。土地作为农业的基本生产资料，其经营效率在很大程度上决定了农垦的农业经营效率。国有农用地经营制度作为农垦农业经营体系的基础，对于构建与农垦发展相适应的经营制度至关重要。2015 年，《中共中央、国务院关于进一步推进农垦改革发展的意见》明确了农垦改革的目标，强调了继续推进垦区集团化改革，建立适应市场经济、富有效率的经营体制。

随着农垦改革的深入推进，垦区的社会职能逐步剥离，现代企业制度得以完善，母子公司管理体制得以有效运行，农业产业公司相继成立，法人治理结构日益健全。土地是垦区企业集团的核心资产，优化国有农用地经营制度是提升农垦内部管理水平和市场竞争力的关键。

站在农业经营的角度，土地作为生产资料主要用于生产经营。国有农用地经营制度需特别关注土地与劳动者的有机结合。自改革开放以来，我国农业经营体系的演变主要围绕土地要素的配置展开。在以家庭承包经营为基础、统分结合的双层经营体制下，农村土地承包经营制度逐渐稳定。经过两轮承包，针对农村土地承包经营的问题，中央出台了多项文件以推动政策的完善，同时《农村土地承包法》和《民法典》等法律法规也对其进行了规范。2019 年，《中共中央、国务院关于保持土地承包关系稳定并长久不变的意见》再次强调了农村土地承包经营制度的重要性，指出这一制度有利于调动集体和农民的积极性，保障国家粮食安全和农产品有效供给。

我国土地资源相对稀缺，粮食安全保障和农产品供给压力较大，因此土地必须得到有效利用。从土地利用的角度看，国有农用地经营与农村集体土地经营的目标是一致的，都追求"地尽其利"。然而，由于农垦土地与农村土地所有权主体不同，以及农垦经营体制与农村经营体制之间存在差异，使得农垦国有农用地经营制度与农村土地经营制度存在明显的差异。

长期以来，对于国有农用地制度的属性，理论界和政策制定者并未给予足够的认识。一些垦区在配置国有农用地资源时模仿了农村土地经营制度，这导致农垦经营管理体制的优势未能充分发挥。一些垦区甚至出现了土地经营"农村化"的趋势，这无疑影响了其后续的发展。因此，农垦国有农用地经营制度需要根据其自身的特点进行创新和完善。

要创新农垦农业经营管理体制，首先需从理论上充分认识国有农用地经营的特殊性。这不仅有助于充分发挥农垦经营管理体制的优势，还能为后续的改革发展奠定坚实基础。

一、国有农用地承包经营权的概念

根据 2020 年《民法典》第 330 条的规定，农民集体所有和国家所有由农民集体使用的耕地、林地、草地以及其他用于农业的土地，应依法实行土地承包经营制度。同时，《民法典》第 331 条明确指出，土地承包经营权人对其承包的耕地、林地、草地等享有占有、使用和收益的权利，并有权进行种植业、林业、畜牧业等农业生产活动。此外，2019 年《土地管理法》第

13 条第 2 款也规定,国家所有依法用于农业的土地可以由单位或个人承包经营,从事种植业、林业、畜牧业、渔业生产。

基于上述法律规定,我们可以明确地理解,通过家庭承包方式发包形成的国有农用地承包经营权,与基于 2019 年《土地管理法》第 13 条第 2 款发包形成的国有农用地承包经营权和集体土地承包经营权一样,均属于用益物权。这种权利赋予了承包经营国有农用地的单位、个人或农民集体经济组织成员对该宗国有农用地占有、使用、收益和部分处分的权利。

国有农用地承包经营权的主体,包括承包经营国有农用地的单位、个人或农民集体经济组织成员;而客体则是被承包经营的国有农用地。根据相关规定,国有农用地承包经营权人通过签订承包经营合同获得并依法行使该权利,在行使权利过程中,应保证合理利用土地,发包人不得干涉其正常生产经营活动。同时,国有农用地承包经营权人依法可互换或转让该权利,并可在该权利上设定地役权等。

国有农用地承包期限因土地类型不同而存在差异,一般林地承包期限为 70 年,耕地承包期限为 30 年。在承包期内,除非法律另有规定,发包人不得随意收回承包地。承包期限届满后,国有农用地承包经营权人可依法继续承包。若承包期内承包地被征收,国有农用地承包经营权人可依法获得相应补偿。

综上所述,国有农用地承包经营权人在行使权利时应严格遵守法律法规和合同规定,确保合理利用土地,维护自身合法权益。同时,发包人应尊重承包经营权人的生产经营自主权,不得随意干涉。在遇到相关法律问题时,建议咨询专业律师或相关部门。

关于完善国有农用地承包经营权的总体建议如下。

首先,需要明确直接派生于所有权的国有农用地承包经营权,与国有农用地使用权一样,属于用益物权。在 2019 年《土地管理法》第 13 条第 2 款的基础上,我们需要进一步明确国有农用地承包经营权的登记发证、权利期限等问题。根据 2020 年《民法典》第 331 条的规定,国有农用地承包经营权主要体现为对土地的实际占有、使用和收益,对土地行使直接支配权利。

其次,对于依法确定给农民集体使用之外的国有农用地,其承包经营权的发包应由所有权代表行使主体直接进行。为了确保国有农用地的科学定价和高效流转经营,应委托第三方评估机构进行估值定价,形成报告后提交至承担监督责任的部门进行审查,并将其作为合同附件和定价的参考依据。

再次,对于依法确定给农民集体使用之外的国有农用地发包单位,应将承包经营合同提前提交至承担监督责任的部门进行审查,以确保国有农用地的合理使用和合法承包经营。在合同签订后,还需提交合同备案。

最后,对于国家所有由农民集体使用并采取家庭承包方式形成的国有农用地承包经营权,其流转产生的期限 5 年以上的土地经营权可适用 2020 年《民法典》第 341 条的规定;对于国家所有由农民集体使用并采取其他承包方式形成的土地经营权,则应适用 2020 年《民法典》第 342 条的规定。基于 2019 年《土地管理法》第 13 条第 2 款发包形成的国有农用地承包经营权,在不承担社会保障功能的情况下,也可参照适用 2020 年《民法典》第 342 条的规定。

二、设置国有农用地承包经营权的可行性

(一)经过长期发展历程为后续发展作保障

在改革开放初期,我国沿海地区率先启动了农用地承包经营权的流转机制。随着国家改革开放和经济改革的深入推进,这一机制逐步由沿海地区扩展至内陆地区。具体来说,我国农用地承包经营权流转主要经历了以下几个重要阶段。

1984 年,中央下发通知,明确提出要鼓励和促进农村土地的转包,并加大对于种田的技术支持力度。这一举措打破了原有对土地制度的严格

控制格局，标志着我国在土地流转和承包经营方面的政策不断放宽，并开始大力推动农村土地经营与流转，以促进农业经济的发展。

随后，国家将农业用地承包经营权的相关规定纳入法律法规体系，使其法定化、制度化。到20世纪80年代末，我国相继修订了相关法律法规，明确提出允许农村土地流转，实现了我国国有农用地承包经营权“有法可依”。

2003年，《农村土地承包法》颁布实施，进一步细化了土地承包经营与流转的相关权益，有力保障了农民的土地使用权益，激发了农民的积极性，促进了农业经济的快速发展。

在国家引导下，2007年《物权法》对土地承包经营权的范围、方式、承包期限、承包权登记以及相关权益保护作出了更加明确的规定。这些规定均被2020年《民法典》物权编所沿用。在相关法律保障下，农用地承包经营权流转遵循“依法、自愿和有偿”原则，促使土地承包经营朝着更加健康合理的方向发展。

（二）国家相关法律法规给予政策支持

农业农村部于2023年1月29日公布了《农村土地承包合同管理办法》，该办法自2023年5月1日起正式实施。该办法旨在规范农村土地承包合同的管理，保障承包合同当事人的合法权益，以及维护农村的和谐稳定。该办法明确了承包方案及合同的订立、变更和终止的具体规定，为农村土地承包经营提供了法律保障。

为进一步规范土地承包经营权和土地经营权登记工作，国家相关部门制定了《土地承包经营权和土地经营权登记操作规范（试行）》。该规范对土地登记的具体方式、要求等作了详细规定，为村民实施土地承包经营提供了更为明确的依据，有力地保障了他们的合法权益，并为农村经济发展做出了积极贡献。

（三）现行国有农用地产权体系作为制度基础

根据我国法律法规，国有农用地土地承包经营权的设置是现行农用地产权制度的重要特征之一。《宪法》对土地所有权进行了明确规定,并不断规范和完善。此外,法律还对国有农用地进行了详细划分,包括国有林地、国有草原、国有农田水利设施等不同类型,这充分体现了国家对农用地的重视和保护。

为了进一步规范国有农用地的使用和管理,我国还制定了一系列相关法律法规,如《不动产登记条例实施细则》《关于扩大国有土地有偿使用范围的意见》等。这些法律法规不仅明确了产权制度的法律规范,还对国有农用地的使用权进行了详细规定,为保障农民权益和维护国家农业安全提供了坚实的法律基础。

综上所述,现行农用地产权制度的特征在相关法律法规中有着明确体现,通过制定和完善法律法规,可以保障农民的合法权益,促进农业可持续发展。[1]

三、改革开放以来农垦农业经营体制演变

农垦农业经营体制作为决定国有农用地经营方式的关键因素,其演变历程对于分析农垦国有农用地经营方式具有重要的基础性意义。自改革开放以来,农垦农业经营体制经历了从统一管理到分权经营,再逐步回归统一管理的演变过程。这一演变过程可具体划分为以下两个阶段。

(一)第一阶段:从统到分

在改革开放之前,农垦区域采用统一经营、统一管理、统一分配的“大集体”模式进行经营管理。这种高度集中的体制有利于集中人力物力进行大规模的行动,如土地开垦和农业基础设施建设。然而,这种体制也存在一些问题,主要是影响生产者的积极性和增加内部管理成本。

1978 年,我国农村开始探索实施各种生产责任制,启动了农业经营体制改革。在随后的几年里,政府文件逐步明确了各种形式的生产责任

---

〔1〕 孙恺、宋玉玲:《自然资源资产产权制度改革背景下国有农用地承包经营权探究》,载《中文科技期刊数据库(全文版)社会科学》2023 年第 5 期。

制,并确认其为社会主义集体经济的生产责任制。农垦区域的生产责任制也经历了类似的发展过程,从队、班组到家庭和个人的承包形式逐渐明确和发展。

然而,为了避免一些人将农村的包干到户误解为“土地还家”,政府在1982年的文件中进行了澄清:包干到户这种形式是建立在土地公有制基础上的,虽然经营方式有所变化,但仍然是社会主义农业经济的组成部分。

随着农垦农业经营管理体制改革的推进,出现了职工家庭农场的概念。这不仅是生产经营组织形式的变化,也反映了国家对农业经营效率的追求。职工家庭农场被定义为社会主义全民所有制国营农场的一个基层生产经营单位,使劳动者和生产资料更加紧密的结合,提高了劳动生产率和经济效益。

到了20世纪90年代初,农垦区域进一步推行了“两自理”“四到户”改革,进一步扩大了职工家庭农场的生产经营自主权。这种以职工家庭经营为基础、“大农场套小农场”的统分结合双层经营体制逐步形成,优化了国有农场与职工家庭农场的关系。

(二)第二阶段:从分到统

改革开放后,农垦农业经营体制逐步发展,从各种生产责任制过渡到职工家庭农场,最终形成了以职工家庭经营为基础、“大农场套小农场”的双层经营体制。这一体制的建立,适应了农业生产力发展的需要,显著提高了农垦农业的经营效率。然而,随着科技的进步和外部经济社会环境的变化,生产力与现有生产关系的矛盾再次显现,推动了农垦农业经营方式的进一步变革。

为适应市场经济和现代农业的发展需求,国有农场农业经营出现了分权向集权的转变趋势,农业经营的组织化程度得以提高。具体体现在以下四个方面。

一是职工家庭经营规模的扩大。自20世纪90年代以来,各垦区农场停止了招工，随着农场职工的自然退休，土地资源得到释放。同时，农场内部职工发生分化，部分职工退出农业生产，向第二、三产业转移或进城务工，使得农场内部土地资源得以重新配置。部分垦区借此机会推动“少数人种多数田”，同时发展第二、三产业和经济作物种植，以吸纳剩余劳动力。这促使职工家庭农场的经营规模逐渐扩大。以安徽皖河农场为例，全场5.5万亩耕地，原有约8000户农户，但通过2015年的土地资源重新配置，整场耕种的农户减少至1152户，户均经营面积达到50亩。其中，100亩以上的大户有166户，耕种面积达14,631亩，户均耕种面积高达148.38亩。目前，许多垦区农场的务农户比例已低于非务农户。

二是合作经营的兴起。合作经营是在职工家庭经营基础上发展出来的一种经营方式。它通过在职工经营主体之间增加一层合约，以弥补单个职工家庭经营组织在生产和经营方面存在的不足。合作经营涵盖了生产环节和销售环节的合作，分别解决了职工家庭农场与大生产对接的矛盾以及单个种植户与大市场对接的矛盾。当前，黑龙江垦区在生产上发展出的合作经营模式较为典型。随着技术进步，尤其是大型机械的应用，一家一户购置机械存在规模不经济的问题。为了解决小农户面临的生产困境，黑龙江垦区大力推广生产合作组织。至2015年年底，整个黑龙江垦区已发展合作社3583家。海南垦区的部分水果种植户则通过成立合作社与市场对接，形成了“企业+合作社+职工家庭农场”的发展模式。

三是模拟股份制经营的形成。模拟股份制经营最早在上海垦区和江苏垦区发展起来，是一种新型的经营模式。这种模式中，从事农业生产的职工联合起来成立经营实体，向农场承包土地进行经营。农场持有股份，职工参股，实行统一经营、风险共担的机制。与合作经营相比，模拟股份制取消了职工家庭经营单元，职工以参股形式加入经营实体，具有更高的组织化程度。

四是公司化经营成为新趋势。随着垦区集团化、农场企业化改革的推进，部分垦区和国有农场将土地纳入产业公司进行统一经营，形成了公司化经营模式。其中具有代表性的是江苏农垦农业发展股份有限公司。该公司向江苏农垦集团公司租赁土地,下属19家分公司负责土地耕种和农业生产。此外,湖北等部分垦区不仅通过农场职工退休来集中土地资源,还探索各种形式的土地资源整合方式如回收、出租、转包、转让、入股等。他们运用政策手段引导职工退出土地承包经营,积极推动土地向农场集中,然后由农场成立种植公司进行统一经营,推动职工家庭经营向公司化经营转变。公司化经营是对职工家庭经营的继承和发展,属于更高形式的组织化经营。

四、国有农用地经营制度的特征与优势

土地制度作为国家的基础性制度,具有至关重要的地位。作为农业生产的基本要素,土地不仅具备生产功能,还能产生绝对地租。同时,土地为农民提供了就业机会,并承担着社会保障的功能。对于农用地制度的属性,我们可以从两个范畴进行理解。首先,从所有制的范畴来看,公有土地制度和私有土地制度是两种截然不同的土地制度。经过新民主主义革命和社会主义革命,我国建立了公有土地秩序,形成了与私有制相区别的土地"宪法秩序"。其核心在于取消土地作为私有财产参与社会财富分配,从而形成了各尽所能、按劳分配的制度。在私有土地制度下,私人占有土地所有权,无偿获取社会财富,成为食利者。我国土地资源配置的基本原则是促进劳动者与土地的结合,反对通过占有土地来获取社会财富。其次,从产权制度的范畴来看,在社会主义市场经济条件下,公有土地需要与各类经营主体相结合。通过在土地上设定各种权利,将土地配置给经营主体,从而保障耕作者的生产经营权利,实现土地的有效利用。综合来看,我国的农用地制度是在坚持公有制的前提下,通过产权制度的设置,促进资源的有效配置,并兼顾土地的社会功能的实现。我国的土地分为国家所有和集体所有两类。农村集体所有的农用地采用家庭承包经营制度。通过对比农村家庭承包经营制度,可以更好地认识农垦国

有农用地经营制度的特征与优势。[1]

（一）国有农用地经营制度的特征

1. 农垦国有农用地一直坚持生产资料属性不变

在农村集体农用地的属性转变中，我们见证了从生产资料向财产的进化。自实施农村家庭联产承包责任制以来，土地作为生产资料的配置问题逐渐凸显。为了解决这一问题，我们采取了所有权与使用权的分离方式，使农户得以获取土地权利，进而推动家庭经营的健康发展。

农村土地承包经营制度，从一开始就是围绕土地生产资料配置构建的制度框架。然而，在实践过程中，集体所有权与农户承包经营权的张力一直存在。一方面，农业生产经营需要相对稳定的土地承包关系；另一方面，由于土地归集体所有，集体内部人员的变动要求对土地重新配置。

1984 年《中共中央关于一九八四年农村工作的通知》提出了延长土地承包期、鼓励农民增加投资、培养地力、实行集约经营等政策导向，明确指出土地承包期一般应在 15 年以上。1993 年《中共中央、国务院关于当前农业和农村经济发展的若干政策措施》进一步规定，在原定的耕地承包期到期之后，再延长 30 年不变。这一规定明确了第二轮土地承包期限为 30 年。

在第一轮土地承包期间，许多农村地区采取了“三年一小调，五年一大调”的策略，有效地平衡了稳定承包关系与保障土地公平承包之间的关系。而在第二轮土地承包之后，全国范围内实施了“生不增、死不减”的政策，除少数特殊情况外，原则上不再进行土地调整，从而确保了土地承包关系的长期稳定。

在实施家庭联产承包责任制的初期，农民普遍投身于农业生产活动，承包土地的农户与农业经营主体是统一的。通过土地承包制度，实现了“耕者有其田”，显著提高了土地的利用效率。然而，随着第二轮土地承

---

[1] 桂华：《土地制度、合约选择与农业经营效率——全国 6 垦区 18 个农场经营方式的调查与启示》，载《政治经济学评论》2017 年第 4 期。

包的实施，城镇化进程加速，农民外出务工现象越发普遍，农村地区开始出现人地分离的趋势。越来越多的农民选择脱离农业生产，导致土地承包者与农业经营者的角色逐渐分离。对于那些不再从事农业生产的原承包户而言，土地的性质从生产资料转变为财产。这一变化标志着农村土地承包经营正在从传统的经营制度向财产制度进行转变。

为应对这一变化，2006 年《国务院办公厅关于做好当前减轻农民负担工作的意见》明确规定："严禁向农民家庭承包的土地收取土地承包费。"作为集体成员的农民无偿承包土地，而那些选择退出农业生产经营的原承包户则通过土地流转获取收益。这一现象表明，土地已具备财产属性。

农垦国有农用地一直秉承其生产资料的本质属性，确保国有资产的保值增值。作为企业性质的国有农场，其最重要的资产便是国有农用地。为保障国有资产不流失，农垦的大部分土地均采用有偿承包租赁经营模式。

农场将土地承包租赁给经营主体，旨在赋予其土地经营使用权。为防止土地权利的私自转移，不少垦区在相关规定中明确禁止经营主体在承包租赁土地后进行私自权利转移。以黑龙江垦区为例，2005 年《黑龙江省农垦总局关于完善国有农场土地承包经营制度稳定土地承包关系的指导意见》（黑垦发〔2005〕18 号）明确指出："对于承包规模田的经营方，如转移至非农产业或自愿放弃土地承包经营权，应将土地承包经营权归还给农场，并由农场重新发包。"国有农场对农用地的处置权具有控制力，经营户不得擅自处置。当经营户退出农业生产经营时，有义务将土地归还给农场，以避免土地沦为私人财产。

2. 农垦国有农用地经营制度采取诱致性变迁

土地公有制作为社会主义公有经济的基础，始终是"三农"政策的核心要素。自改革开放以来，我国的土地制度经历了多次调整和变革，在农村土地承包经营制度与农垦国有农用地制度两大领域呈现出不同的变迁轨迹。

农村土地承包经营制度明显地体现出强制性变迁的特点。自改革开放以来,“三农”工作始终受到党和国家的高度重视。从 1982 年开始,中央相继发布了多个关于农业、农村和农民的 1 号文件,这些文件中多次涉及农村土地承包经营制度的改革问题。国家的政策导向推动了农村土地承包经营制度的深入变革。

相对而言,农垦国有农用地经营制度则更多地体现出诱致性变迁的特点。与农村土地承包经营制度相比,针对农垦国有农用地的国家政策相对较少。很多时候,农垦国有农用地制度的变革是自下而上、由垦区内部自行推动的。由于全国各垦区的实际情况不尽相同,各垦区的土地经营管理方式存在着较大的差异。

3. 土地资源配置中农场的主导性

根据我国相关法律法规,农村集体土地通过承包方式向农户配置,土地承包经营权则通过严格的土地承包程序形成。这些程序、承包期限、权利义务等都有明确的法律规定。随着时间的推移,土地承包经营权逐渐获得了原《物权法》和《民法典》的强力保护,明确其属于用益物权范畴,这也标志着农村土地承包经营权制度向着物权化的方向发展。

相较之下,国有农场的土地承包租赁机制则有所不同。其收费项目和标准的调整方案由农场自行制定,但必须经过职工代表大会的审议并通过,再报经省级农垦主管部门审核批准。由于各个农场的情况不尽相同,因此各农场的土地承包租赁方案也存在一定的差异。这种承包租赁关系在法律上被认定为债权关系,意味着国有农场与承包租赁土地的经营主体需依据原《合同法》和《民法典》的规定,规范双方的权利与义务。

在农村土地的承包过程中,经过两轮的土地承包,土地承包经营权得以确立。部分地区自第一轮土地承包以来,一直未对土地进行调整,这也反映了其稳定性和长期性。为了解决农村地区的人地分离矛盾,国家推行了土地流转政策,实施了土地“三权分置”的策略。这一策略首先确认土地承包经营权到户，随后赋予承包户处置土地经营权的权利。通过这种方式，可以有效地推动土地资源的重新配置，实现更为合理的利用。而对于部分垦区退出农业生产经营的承包租赁主体，他们需要将土地退还给农场，由农场进行集中统一经营或再次租赁发包，从而实现土地资源的再次配置。

（二）国有农用地经营制度的优势

国有农用地经营制度与农村土地承包经营制度有所区别，它是一种独特的资源配置制度形式。在资源配置方面，国有农用地经营制度展现了公平与效率并重的优势。

1. 确保土地资源公平配置

国有农用地在承包租赁期限上相对较短，且土地资源需不断进行重新配置。当农场职工选择退出农业经营时，他们有机会重新承包租赁土地，再次投身于农业生产经营活动。相较于集体土地的长期承包关系，部分地区农村出现了农户间土地资源占有不均的情况。然而，在国有农场中，此类矛盾现象相对较少。

在集体土地方面，取消了承包费的规定，导致多占土地的农户获得了更多的土地流转收益，从而加剧了农户之间的不平衡性。而在国有农用地方面，实施了有偿使用制度。农场向职工收缴土地有偿使用费，并将绝大部分费用用于职工社保支出，确保“地利共享”。这种做法体现了“取之于职工，用之于职工”的原则。

2. 提高土地资源配置效率

国有农用地经营制度的效率优势体现在以下四个方面。

首先，为大型农场的统筹经营提供了坚实的制度基础。农业生产的复杂性如农田水利和统防统治等任务，超出了单个家庭的能力范围。国有农场在签订土地合同时，明确了双方的权利和责任。这样，国有农场可以对经营主体提出要求，形成一种大农场统筹小农场经营的模式。相对而言，农村土地承包经营权的权能更大，而农村集体统筹经营的实现难度也相应增大。

而农垦则真正实现了双层经营体制,显著提高了农业经营效率。

其次,有效解决了土地细碎化的问题。在改革开放初期,由于生产力的局限性,土地资源配置追求绝对公平。在推进土地承包经营时,一些地区将大块土地分割成小块,导致土地细碎化现象严重,影响了农业生产的效率。然而,农垦的国有农用地不断调整,及时解决了这一问题,适应了生产力的进步,进一步提高了农业生产经营的效率。

再次,更好地承接了国家资源的输入。近年来,国家对农业的投入持续增加,致力于改善农业基础设施,推进高标准农田整治。然而,农村土地的细碎化和地权的分散性降低了国家资源投入的效率。相比之下,农垦的土地相对集中,使得国家资源在农垦的投入更为高效。

最后,推动了农业经营体系的创新。国有农场通过组织化的方式配置土地资源,与农村土地流转相比,农垦的国有农用地更容易向新型规模经营主体配置。因此,农垦在现代农业经营体系的创新方面走在了全国前列。[1]

第二节 国有农用地承包经营权的取得

现代产权制度将财产所有权视为权利束,这为提高资源配置效率提供了制度基础。在市场资源配置中,市场发挥着决定性作用。我国实行土地公有制,禁止土地买卖。通过建立土地产权制度,我们解决了公有生产资料与社会主义市场经济相适应的问题。

农用地主要用于农业生产。改革开放后,农用地制度面临的基本矛盾是土地公有制与农业生产责任制之间的矛盾,农村地区探索形成了土地所有权与使用权分离的土地承包经营制度。农垦土地所有权属于国家,而农场所拥有的土地权利则包括使用、收益和部分处分方面的权利。

---

〔1〕 郭忠浩:《论国有农用地承包经营权法律制度》,载《法制博览》2016 年第 32 期。

改革开放后,农垦打破了"大集体"统一经营模式,走向以职工家庭为基础的大农场统筹小农场的双层经营体制。在此基础上,农垦发展出了形式多样的经营组织形式。在不同经营形式下,农场与各个经营主体建立了不同的权利义务关系,形成了不同的土地权能分割,即权利配置。

单位经营、职工家庭承包租赁经营、非职工租赁经营、私自开垦经营等不同类型的土地经营方式集合在一起,构成了国有农用地经营体系。

一、单位经营

国有农场的经营特点在于其土地资源不向个体经营者配置,而是集中在农场或由农业公司进行统一经营管理。这种单位经营模式有多种形式,包括企业化经营、联产计酬和模拟股份制等。

企业化经营是一种高度组织化的经营形式,是农垦农业发展的新趋势。例如,上海垦区和江苏垦区在企业化经营方面走在了全国前列。以江苏垦区为例,其自 2011 年起实施农业一体化战略,通过产业链整合,成立了江苏农垦农业发展股份有限公司。该公司的成立,将垦区 18 个农场的种植业进行了剥离,形成了种业、米业、物流 3 个子公司和 18 个种植分公司的企业化运作架构。改造后,各个农场基地成为该公司的分公司,农场土地逐步从家庭承包经营走向企业化种植模式。

土地企业化经营的前提条件是切断职工与土地的直接关系,实现国有农场和农垦集团对土地资源的集中控制。以江苏垦区为例,其部分农场曾经历过土地职工家庭承包阶段,但基于人地资源紧张以及工业化程度较高等原因,农场职工对土地的依赖程度较低,劳动力转移程度较高。因此,自 2008 年开始,江苏农垦逐步推行模拟股份制、联合生产承包和企业化经营等生产经营形式,逐渐消灭土地的家庭分散经营。

从事农业生产的职工,在模拟股份制、联合生产承包和企业化经营等生产经营形式下,承担一定作业任务,并接受成本、产量和效益方面的考核;不从事农业生产的职工则享受一定面积的"口粮田",并获得货币收益。通过不断创新经营模式,江苏垦区逐渐切断部分职工与土地的直接关系,为下一步改革开辟了极大空间。

从职工的角度看,实施土地企业化经营的前提是劳动力的充分转移。例如,江苏垦区最早实现公司化种植的新洋农场,在 20 世纪八九十年代大力发展羽绒加工业,吸纳了大量劳动力在第二、三产业就业,从而较早实现了人地分离,为公司化经营奠定了基础。沿海垦区和城郊农场的劳动力转移较多,这类地区的土地公司化经营条件优于中西部地区农垦。

部分种植特殊品种农作物的垦区和农场采用联产计酬模式。例如,天然橡胶是国家战略性资源,广东、海南等垦区的橡胶种植就采取了联产计酬模式。在这种模式下,农场统一经营橡胶种植,职工按照农场制定的作业标准负责橡胶园日常维护和割胶工作,并按照作业标准完成一定工作量后获得岗位工资。这种模式属于农场企业内部管理模式,不涉及土地关系,土地经营使用权利在农场。联产计酬模式适用于一些不宜采取职工家庭承包经营和其他经营方式的作物种植。

在模拟股份制经营模式中,农场通过土地控股,职工投入资金参股,土地租金计入经营成本,职工参与劳动管理获得岗位报酬,经营利润按股分红。在这种模式下,土地权利被农场控制,不发生土地权利转移,因此模拟股份制也属于单位经营的一种形式。

二、职工家庭承包租赁经营

职工家庭承包租赁经营是我国农垦的主要经营模式。据 2018 年年底的数据,全国农垦(不含新疆生产建设兵团)共有 144.61 万个家庭经营主体,承包租赁了 1080.77 万公顷的农用地,占据了总经营面积的 70.4%。此模式分为职工家庭分散经营与合作经营两种形式。

职工家庭分散承包租赁经营,即职工家庭向农场租赁土地进行农业经营,双方通过签订承包租赁合同明确权利义务,形成了“两田制”或“三田制”。根据土地性质的不同,承包租赁关系也存在差异。

身份田是基于农场职工身份配置的土地，具有社会保障和生活保障功能。其社会属性强烈，承包租赁具有福利分配性质。职工在退休前，对身份田有使用权、收益权和部分处置权。他们可以选择自己耕种以获取收益，也可将身份田交给子女或他人耕种，或者选择返租给农场以获取货币补贴。

经营田则兼具半福利和半市场性质。土地不仅是生产资料，也提供就业保障。目前，垦区的人地关系仍然紧张，大量农业劳动力依赖经营土地维持生计。与按照职工人头平均配置的身份田不同，经营田的配置遵循“耕者有其田”的原则，不经营者需退出经营田。各垦区主要采取公开招标的方式确定承包租赁期限，一般为5年，但极少数垦区长期不调整经营田。承包租赁费用通过公开协商确定。为减轻职工负担，2008年《农业部、国务院农村综合改革领导小组关于加强农垦国有农场农业职工负担管理的意见》（农垦发〔2008〕3号）明确规定，土地承包费收取应低于税费改革前的水平，并随着各项配套改革的推进而逐步降低。

机动地按照市场方式配置。部分垦区在身份田和经营田之外还设有机动地或竞标田。这部分土地剥离了社会福利属性，采用市场方式配置，实行公开竞标，价高者得，职工享有优先权。其承包租赁期限较短，如黑龙江垦区的机动地承包租赁期限仅为1年。

合作经营是在职工家庭承包租赁经营基础上形成的合作经营组织进行经营的一种模式。在此情形中，职工仍需向农场承包租赁土地，土地权利归属于分散的职工。合作经营并不改变土地权利关系。

三、非职工租赁经营

在非职工租赁经营中，存在以下四种主要情形。

1. 农场户籍人口租赁经营。在某些垦区和农场，出于历史原因引进外来人口落户成为农场户籍人口。这些人口未经过招工，在土地租赁方面与职工有所区别。垦区和农场采取同等的土地租赁政策，允许这些户籍人口租赁经营田地。农场不仅负责生产经营,还需关注地方社会稳定,为户籍人口提供农业就业机会。

2. 农场职工子女租赁经营。垦区和农场存在职工退休后将身份田和经营田交回农场的情况。在实际操作中,家庭内部土地权利转移的情况较为普遍,农场职工退休后经向农场备案,可将土地交给子女经营。

3. “四荒”承包租赁经营。在农业综合开发的背景下,农垦出台了“四荒”开发政策。垦区内“四荒”的开发对社会及外商开放,但首先满足内部职工的需求。开发者可以个人经营、股份制经营或雇工经营。开发者与农场签订开发、承包、租赁和经营合同,获得一定期限内的土地经营使用权,农场按合同约定收取土地费用。合同期满后,农场收回土地权利。

4. 对外租赁经营。这包括场外人员和各类新型经营主体向农场租赁土地从事生产经营活动。农场对外租赁土地的原因包括场内劳动力不足和农业经营方式改变等。对外租赁经营采用市场原则,通过公开招标方式,农场与场外人员和新型经营主体签订土地租赁合同。

在上述四种情形中,“四荒”承包租赁和对外租赁两种情形属于纯市场关系下的土地租赁经营。

四、私自开垦经营

未经农场同意擅自占用土地进行经营的行为称为私自开垦经营。该行为分为两种情况:一是农场内部员工私自开垦未利用土地,如沟渠、路边地、未开发的“四荒”资源等;二是周边农民占用农场土地进行经营。在广东、广西、海南等垦区,存在一些农场与周边农村的土地边界纠纷。对于第一种情况,需要加强农场内部承包租赁合同管理,将员工私自开垦经营的土地收回或向其收取有偿使用费。对于第二种情况,则需要通过土地确权工作明确农场与周边农村的土地界限,解决边界纠纷问题。[1]

---

〔1〕 邓庆海主编:《国有农用地:权利体系与农垦实践》,中国农业出版社 2021 年版,第 108 ~ 113 页。

综上所述,农场与经营主体之间根据不同的经营方式,在土地权能方面存在一定的分割。双方通过签订承包租赁合同,明确彼此之间的权利与义务关系,进而形成不同的地权合约。从地权配置的角度出发,不同经营方式能够清晰地展现出国有农用地经营体系的特征,并且与农村土地承包经营方式存在明显的差异。详情请参见表5-1。

表5-1 国有农用地经营体系与农村集体土地经营体系对比

项目	单位经营		职工家庭承包租赁经营			非职工租赁经营				私垦经营		农村土地承包经营	
	联产计酬	公司经营	身份田	经营田	机动地	户籍人口	职工子女	社会人员	“四荒”开发	场内人员	周边农村	家庭承包经营	新型经营
经营主体	农场是经营主体、联产计酬属于内部管理方式	公司	职工	职工	职工优先	私营	私营	私营	私营	未获得农场同意、未与农场建立土地合约	占用农场土地	农户	新型经营主体
农场权利		收益、处置	收益	收益、处置	收益、处置	收益、处置	收益、处置	收益、处置	收益、处置			集体所有	集体所有
经营主体权利		经营使用	经营使用、部分处置权	经营使用	经营使用	经营使用	经营使用	经营使用	经营使用			使用、收益、处置	经营权
资源配置方式	不发生土地权利转移	租赁	按身份配置	半市场化配置	市场化配置	半市场化配置	半市场化配置	市场化配置	市场化配置	使用权利纠纷	所有权纠纷	家庭承包	土地流转

第三节 国有农用地承包经营权的流转

一、国有农用地资源配置方式变化

随着农垦农业经营体制的演变和农业经营体系的创新,国有农用地资源配置方式在不同历史阶段发生了重大变革。在早期阶段,主要采用的是承包租赁制度,允许农户在一定期限内租赁国有农用地,开展农业生产活动。随着时间的推移,为了更好地适应农业发展的需要,“两田制”逐渐兴起,将国有农用地划分为两个部分:一是用于保障粮食安全的责任田,二是用于发展农业生产的商品田。然而,这种制度在实际操作中存在一些问题,因此又出现了反租倒包模式,即由政府或企业将农户承包的土地反租过来,再倒包给其他农户或企业,以实现土地资源的优化配置和规模化经营。这些变化都是为了更好地适应农业发展的需要,提高土地利用效率和农业生产效益。

(一)承包租赁的资源配置方式

农垦土地作为国家重要资源,一直由国有农场集中管理并享有使用权。然而,在实施职工家庭承包经营方式后,土地生产资料的集中占有与职工家庭经营之间出现了一些矛盾。为了解决这一问题,国有农场借鉴了农村土地承包经营的做法,逐步发展出一套土地承包租赁经营制度。该制度与职工家庭承包经营方式相辅相成,通过生产承包合同的形式,将国有农用地长期租赁给职工家庭经营,从而形成了独特的国有农用地承包租赁经营方式。在1984年全国农垦工作会议上,《大力发展和办好职工家庭农场》文件中明确规定:“职工家庭农场的土地承包期,按照《中共中央关于1984年农村工作的通知》,一般应在十五年以上,生产周期长和开发性的项目,如果树、橡胶、林木、荒山、荒地等,承包期应更长些。对经营养殖业的家庭农场,应划给一定数量的饲料地、草场,并同样长期固定使用,十五年不变。”

随着农垦农业经营制度的不断完善,近年来农垦系统推行了“两自理”“四到户”改革,进一步扩大了职工家庭农场在生产自主、作物品种选择及产品销售等方面的权限。这使得国有农场逐渐从生产经营环节退出,转型为纯粹的资产经营主体。为了确保国有农用地承包租赁经营方式的顺利实施,国有农场采取了规范合同管理、延长土地承包租赁期限以及固定地块划拨等措施，从而推动了该经营方式的不断完善。

(二)“两田制”的资源配置方式

国有农用地作为农业生产资料和农场职工的基本生活资料，具有物质与社会双重属性。在取消农业税后，农村土地不再收取承包费。为了与农村税费改革相衔接，农垦实施了“两田制”改革，将土地分为身份田和经营田。其中，身份田是向职工配置的免税土地，实行零负担，并折抵企业应承担的社会保险基金和职工直接受益的费用。剩余的土地被定为经营田，通过公开招标进行承包租赁，推动土地规模经营。此外，黑龙江垦区还预留了不超过耕地总面积5%的“机动地”，用于解决新增农业劳动力的安置和其他土地调整需求。这种“两田制”通过区分身份田与经营田的配置方式，实现了土地生产功能与社会功能的分离，为国有农用地的市场化资源配置奠定了基础。

(三)反租倒包的资源配置方式

国有农用地的初次配置问题，通过土地承包租赁经营与“两田制”得到了有效解决。在配置过程中，身份田根据职工的身份来确定，而承包租赁与经营田的配置均遵循公开、公平的原则。这确保了所有符合条件的职工都能获得相应的土地。

初次配置后，国有农用地仍面临二次配置的问题。由于部分农场采取均平化土地配置方式，使得户均经营规模较小，部分职工选择退出农业生产经营。因此，土地需要向其他经营主体重新配置。

针对这一问题，农村通过土地经营权流转制度进行土地资源的二次配置。根据《农村土地承包法》第36条和《民法典》第339条的相关规定，承包方有权自主决定采取出租、入股或其他方式向他人流转土地经营权。但需要注意的是，当农场职工退休并退出农业生产经营时，需按照合同约定将土地退还给农场，并解除与农场之间的土地承包租赁关系。

部分垦区如安徽垦区华阳河农场采取了反租倒包的形式进行土地资源配置。具体操作上，身份田采取货币化方式进行分配。对于那些实际不从事农业生产的职工,农场会将其身份田折算成货币补偿,然后将身份田统一收回到农场,再统一配置给其他经营主体。这种方式确保了土地资源的合理、高效利用。[1]

二、国有农用地承包经营权流转方式

国有农用地承包经营权的流转方式主要有以下几种。

1. 转包,是指承包方将部分或全部承包土地转给其他农户或农业生产经营组织,期限一般较短。这种方式通常适用于土地面积较小或暂时无法耕种的农户。

2. 出租,是指承包方将土地使用权出租给其他农户或农业生产经营组织,收取一定的租金。这种方式可以让承包方在不放弃土地承包权的情况下获得额外收益。

3. 互换,是指承包方之间为了方便耕种或其他需要,互相交换土地承包经营权。这种方式有利于调整土地利用结构,提高土地利用效率。

4. 转让,是指承包方将全部或部分土地承包经营权转移给其他农户或农业生产经营组织,同时获得一定的经济补偿。这种方式通常适用于有资金、技术等优势的农业生产经营组织或个人。

5. 入股,是指承包方将土地承包经营权量化为股权,加入股份制农业企业或其他农业合作组织,按股份获得收益。这种方式有利于实现土地资源的资本化运作,促进农业集约化、规模化经营。

需要注意的是,不同地区的土地流转方式可能存在差异,具体操作还需根据当地相关法律法规和政策进行。同时,在进行土地流转时,应充分考虑土地的用途、地理位置、流转期限等因素,确保流转的合法、合理和可

---

〔1〕 邓庆海主编:《国有农用地:权利体系与农垦实践》,中国农业出版社 2021 年版,第 106 ~107 页。

持续性。[1]

第四节　国有农用地承包经营权的保护

近年来,随着中国经济的稳步发展和改革的不断深化,“三农”问题得到了持续的关注和推进。社会各界对土地制度的重视程度逐渐增强,有力地推动了农业产业的现代化进程。

为了引导农用地的发展走向法治化、制度化和合理化,中央政府陆续发布了多项相关政策。这些政策的实施,进一步激发了农民的积极性和参与度。2019 年,中共中央办公厅和国务院办公厅联合印发了《关于统筹推进自然资源资产产权制度改革的指导意见》。该指导意见明确提出要坚持物权法定、平等保护的原则,依法确定全民所有自然资源资产所有权的权利行使主体,健全自然资源资产产权体系和权能,并完善相关的法律体系。

当前我国全民所有农用地的承包经营权设立仍面临诸多问题。因此,进一步完善相关制度是十分必要的。通过制度的不断完善,可以更好地保障农民的权益,促进农业的可持续发展,并推动我国农业现代化进程的进一步加速。[2]

一、国有农用地经营制度的完善

在推进农业现代化的进程中,我国农垦经营管理的耕地资源已接近 1 亿亩。当前,农村土地制度改革正以土地承包经营为主要形式稳步展开,农垦土地经营管理方面的制度建设亟待加强。

---

〔1〕 曹务坤:《国有农用地承包经营的正当性分析》,载《重庆理工大学学报(社会科学)》2011 年第 7 期。

〔2〕 孙恺、宋玉玲:《自然资源资产产权制度改革背景下国有农用地承包经营权探究》,载《中文科技期刊数据库(全文版)社会科学》2023 年第 5 期。

2015 年《中共中央、国务院关于进一步推进农垦改革发展的意见》为完善国有农用地经营制度指明了方向。该意见强调要坚持和完善以职工家庭经营为基础、大农场统筹小农场的农业双层经营体制,积极推进多种形式的农业适度规模经营。在土地资源配置方面,既要防止土地碎片化,又要防止土地过度集中。优化土地资源配置应与农场劳动力转移或减少的程度相适应。

在国有农用地经营制度构建方面,该意见提出要构建权利义务关系清晰的国有土地经营制度,改革完善职工承包租赁经营管理制度。建立经营面积、收费标准、承包租赁期限等与职工身份相适应的衔接机制,规定职工承包租赁期限不得超过其退休年限,以防止简单固化承包租赁关系。职工退休时,在同等条件下其承包租赁土地可由其在农场务农的子女优先租赁经营。对租赁经营国有农场土地的,要严格依照合同法规范管理。此外,该意见还就完善利益分配机制作出规定,要求加强承包和租赁收费管理,全面推行收支公开,强化审计监督。

当前阶段,农垦系统迫切需要出台国有农场农用地经营管理办法,用以指导、落实垦区改革工作。完善国有农用地经营制度,需从以下几个方面着手:一是加强制度建设,完善相关法律法规和政策体系;二是推进土地流转和规模经营,提高土地利用效率;三是加强农业科技创新和技术推广,提高农业生产效益;四是加强农业产业化和品牌建设,提升农产品市场竞争力;五是建立健全农业保险和风险防范机制,保障农民利益。

(一)充分考虑农场国有农用地经营管理制度的特殊性

在 20 世纪八九十年代,农垦采取了与农村类似的家庭承包经营方式,这一变革的核心是将土地生产资料分配给职工,赋予他们相对自主的生产经营权利。在采取家庭承包经营之前,农垦和农村都曾采用统一经营管理模式,但遭遇了生产效率低下的问题,如“大呼隆”和“大锅饭”现象。为了打破计划经济体制的束缚,双方都采取了家庭承包经营方式,从而释放了巨大的生产力。

然而,由于资源禀赋、体制因素和政策条件等方面的差异,农垦和农村的发展逐渐出现了较大的差距。例如,农垦的人均耕地面积显著高于农村,许多农场在农业生产上能够实现统筹经营,而农村集体经济组织则逐渐丧失了统筹生产的功能。此外,农场的土地要素可以根据生产需要进行重新配置,而农村在国家投资农业基础设施时,却常常遭遇土地权利固化的障碍。

总体来看,农垦在推动农业现代化方面已经走在农村的前列,并且随着改革的深入,其相对于农村的优势将更加明显。回顾农村集体土地制度改革的历史,我们可以发现,"分"的理念一直占据主导地位,这限制了农村集体作为土地所有权主体调控土地资源的能力。例如,国家出台政策强制规定土地承包期限,取消了农民通过村民自治方式调整土地的权利,禁止收取土地承包费,并设定了农村集体经济组织掌握机动地的上限等。

针对当前的农村土地制度改革,国家多次强调要坚持集体所有制的改革底线。落实集体所有权不仅是坚持集体所有制的实现形式,也是解决当前农村土地制度实践矛盾的关键所在。

相较于农村,农垦职工(劳动力)的减少速度较快,这使得农场在土地资源配置方面具有更大的灵活性。同时,农垦坚持一体化发展的目标,各种统一经营方式如模拟股份制、联合承包以及公司化经营已在江苏垦区等地得到实践,并有望在未来时期内得到更广泛的推广。为了确保农场作为国有农用地的主要使用主体,我们必须强化农场在农用地资源的占有、使用、收益以及一定条件下的处置权。这是我们在构建农场国有农用地经营管理制度时必须坚守的基本原则。

(二)避免职工家庭经营与农村土地承包经营混淆

关于农场经营体制,2015 年《中共中央、国务院关于进一步推进农垦改革发展的意见》明确提出,要坚持和完善以职工家庭经营为基础、大农场统筹小农场的农业双层经营体制。这一体制的提出基于我国《宪法》

关于农村经营体制的规定。根据2018年《宪法》第8条第1款规定,农村集体经济组织实行家庭承包经营为基础、统分结合的双层经营体制。

农场的经营体制与农村的经营体制存在差异。首先,农场实施职工家庭经营,而农村实行农民家庭承包经营。在职工家庭经营中,职工需要在农场统一管理下从事家庭经营活动,农场有权对职工种植技术、作物品种布局、生产资料供应、农产品销售等作出统一规定。在农村土地承包经营制度下,农民则独立面对市场及其风险,具有较大的自主空间。

其次,职工家庭经营在各个农场中存在不同实现形式,除单纯的土地承包外,还有联产计酬、作物转让、岗位责任制等。农村的家庭承包经营则必须建立在土地承包关系上,土地承包经营是农村家庭承包经营的基本实现形式。

最后,农场可以直接产生职工家庭经营之外的其他经营方式;而农村土地承包经营政策要求土地向农民发包,决定了家庭经营成为农村经营的主导形式。在农垦改革发展的背景下,农场可以积极推进多种形式的农业适度规模经营,并不局限于家庭经营形式。随着农垦经营一体化改革的推进,职工家庭经营不构成农场经营的主流发展方向。

综上,设置农场土地经营管理制度时需要特别注意两点。首先,农场的土地使用权实现形式不能仅限于土地承包租赁,还应包括统一经营形态下的农场直接占有、使用,或者农场在一定条件下进行土地入股经营等其他形式。其次,在继续实施职工家庭经营方式的农场中,职工与农场的关系不能简单地等同于土地承包关系。农场具有统一管理、提供服务的权利和义务,职工需按照农场统一布局和技术要求从事生产经营活动,共同提高经营效率。

(三)坚持农场土地承包租赁的债权性质

目前,职工家庭经营依然是农场运营的主要方式。除了联产计酬、作物转让以及岗位责任制等形式的生产责任制不涉及土地关系外,大部分职工(以及其他主体)所采取的“家庭经营”模式均与土地承包租赁活动紧密相关。在此背景下,我们必须明确一点:农场的土地承包租赁关系本质上属于债权关系,应避免将农场土地承包租赁关系误解为物权关系。关于这一观点,以下两点理由提供了强有力的支撑。

首先,农场的土地承包租赁关系是基于合同关系建立的,这充分体现了双方自主意愿。作为土地使用权主体的农场,可以根据自身实际情况和发展需求,选择合适的土地资源经营方式,并向职工(或其他经营主体)发包(租赁)土地,这凸显了农场的主动性。国家并未出台相关政策,对农场土地的具体经营方式进行强制规定。农村土地为农民集体所有,在家庭承包经营制度下,个体农民作为集体成员拥有承包土地进行农业生产的权利。国家已出台相关政策和法律,对集体土地经营方式进行了严格限定。例如,禁止集体掌握超过5%的机动地,禁止集体经济组织调整土地,实施土地承包经营权确权,规定土地承包期"三十年不变",等等。这些政策和法律对集体土地经营方式产生了深远的影响。相较于个体农民基于集体成员权而拥有的具有物权性质的承包经营权,职工(或其他经营主体)与农场之间的关系并不是由法律规定所确立的,因此并不具备物权性质。

其次,从生产角度来看,具有排他性和绝对性的物权关系并不利于实现农场统筹经营的功能。在当前阶段,农场改革正在加速推进,坚持土地承包租赁关系的债权性质能够更好地适应农场经营体系的革新。如果允许土地承包租赁关系具有物权性质,那么农场的统筹作用将难以发挥。这是因为农场在发包(租赁)土地时,会在合同中约定双方的权利和义务,以便直接干预经营主体的生产过程。在当前农村集体经济组织难以发挥统筹经营功能的背景下,保持土地承包租赁关系的债权性质至关重要。只有坚持这种债权性质的土地承包租赁关系,才能促进农场从分散的家庭经营模式走向规模化、组织化。在劳动力减少和农业技术快速提升的背景下,这种改革对于农场的长期发展至关重要。

(四)规范土地资源配置对象与期限

农场的组织化和规模化优势,必须通过机械替代劳动力来实现。当前,我国农村土地承包经营制度具有“均分制”的特点,导致人地关系相对固定,农业呈现出小规模、分散化的特点,制约了农业的发展。随着农垦职工的自然减少,农场具备了破解劳动密集型农业和释放土地资源的条件。因此,农场改革应抓住这一契机,推动规模化、组织化经营。在土地管理方面,需要规范土地资源配置对象,科学制定土地承包租赁期限。

在规范土地资源配置对象方面,应首先保障职工的就业机会。可以通过反租倒包、基本田换社保等方式,将职工的保障田虚化,转化为农场统一掌握,引导职工向第二、三产业或场外转移就业。在农场无法为职工提供其他就业岗位,以及部分职工无法获得其他就业机会的情况下,应向职工发包一定面积的土地资源,保障其通过农业生产获得与当地平均家庭收入相当的收入。此外,职工成年子女优先承包土地,但需设置条件限制,不能将优先承包变成“继承权”,鼓励职工成年子女创业或者到场外就业。同时,应严格限制对外租赁,以破解人地锁定现象,释放土地生产要素,鼓励农场发展公司化、股份化等经营方式,避免农场变成纯粹收取地租的角色。在操作中,向职工发包土地面积不宜过大,一旦职工经营土地收入明显高于场外就业,就会出现职工返流要地现象;可按照农业生产收益与当地平均家庭收入相当的标准核定面积。

在土地承包租赁期限方面,稻麦等大田作物适合短期承包租赁,最长不超过5年;经济作物需要一定投资周期,可按照作物种植要求适当延长;应杜绝部分农场采取的一次性长期承包租赁方式,已经采取一次性长期发包租赁的可根据实际情况逐步清理。

(五)明确职工与农场属于企业内部的劳动关系

当前,部分垦区的农场出现职工拒绝缴纳土地费用的现象。职工们参照税费改革后农村取消土地承包费的政策,质疑农场土地经营管理制度。在这里,我们需要澄清一点,农场的土地“承包”与农村的土地承包经营制度是有所不同的。农场与职工之间属于企业内部劳动关系,农场向职工家庭发包土地经营,属于企业内部生产责任制。职工家庭经营、联产机制、岗位责任制、模拟股份制等其他经营形态,都是企业不同的经营方式。在企业管理中,职工获得的收益属于劳动报酬。农场的各种经营方式,使得职工劳动报酬的获得方式有所差异,但其性质上都是职工在企业中的工资收入。

农村的土地承包经营制度下,农民与农村集体经济组织是两个独立的民事主体。农民承包土地获得经营收入,而农村集体经济组织不收取土地承包费,也不需要为农民承担社会保险责任。如果职工不以土地费用的形式向农场上缴生产成果,就相当于职工没有为企业创造任何价值,农场对于职工也就不存在相关义务。

农村的土地承包经营制度不能套用到农场土地经营管理中。农民从农村集体经济组织承包土地,是基于作为集体土地所有权分享者的权利。而农场土地属于国家所有,农场只有使用权,职工并不直接享有任何土地权利,不可能在不承担任何义务的情况下凭空获得土地资源。

(六)按照市场价格确定土地费用并实现地利公平分享

根据国家关于减轻农场职工负担的相关政策精神,农场收取的土地费用应低于市场租金价格,但由此产生的差额地租收入引发了土地资源配置的矛盾。为了优化国家、农场和职工之间的利益分配关系,提高农场经营能力和职工收入水平,农垦改革势在必行。

作为国有土地的所有权人,国家将土地无偿交给农场使用,旨在充分高效地利用土地资源,保障粮食供给,从而实现粮食安全保障的战略目标。国家让渡给农场的地租利益,转化为农场收益,可用于扩大再生产或改善职工福利保障水平。

在现行低于市场租金的价格下,国家让渡的部分地租收入通过土地分配到职工手中,导致承包土地面积越大则无偿获得收益越大的不合理现象。为了解决农场中"职工都想多承包租赁土地"的矛盾,建议按照市场租金价格向农场职工发包(租赁)土地,取消差额地租的空间。

在将国家让渡的地租利益转化为农场收益后,应通过公共福利方式进行分配,如完善农场基础设施水平、提高农场为职工上缴保险费用的比例、改善职工医疗住房条件等。按照土地承包面积分配土地利益可能导致社会矛盾,而按照公共福利方式分配土地利益则更有利于社会公平。

只要确保地租收益“取之于职工,用之于职工”,农场按照市场价格收取的土地费用,最终仍将惠及职工生活水平的提升和收入的增加。

(七)搭建土地资源管理数据化、信息化平台

为提升农场土地资源管理的效率和透明度,应计划构建一个数据化、信息化的管理平台。该平台将实时追踪土地资源配置的动态,实现土地资源的公开化管理。平台数据将涵盖土地资源配置现状、经营主体信息、土地费用情况以及实际经营状况等关键信息。同时,该平台应严格遵循农场既定的土地经营管理办法,确保土地资源配置的公平与公正。这一管理过程将接受农场职工的监督,并满足上级部门的管理要求。在条件成熟的情况下,该平台应实现与农垦系统的联网。土地资源的有效管理是农垦发展的基石,因此,建立土地资源管理数据化、信息化平台对于推动农垦改革具有不可或缺的重要意义。

(八)慎用“土地承包经营”说法

在当前的垦区和农场日常管理和政策文件中,农场租赁发包形式的土地管理方式被称为“土地承包经营”,此种称谓实际上并不严谨。依据《农村土地承包法》的相关条款,“土地承包经营”具有特定的政策和法律内涵。农场向职工发包(租赁)土地的行为,实际上属于租赁关系,是企业内部的关系,其核心是为提高企业的经营管理效率而实施的生产责任制。因此,建议农垦系统将向职工发包(租赁)土地这种经营方式统一规范为“土地承包租赁”,以该法律定义更准确地反映其本质。[1]

---

[1] 邓庆海主编:《国有农用地:权利体系与农垦实践》,中国农业出版社 2021 年版,第 118~124 页。

二、国有农用地承包经营机制存在的现实问题

在市场化改革过程中，受早期计划经济的影响，国有农用地的管理利用机制出现了一些问题，这些问题主要表现在以下几个方面。

（一）国有农用地经营管理制度存在不足

2015年《中共中央、国务院关于进一步推进农垦改革发展的意见》明确提出了一系列改革任务，包括创新农业经营管理体制、培育新型农业经营主体、加强收支管理与审计监督等。然而，由于历史因素的影响，国有农用地的经营仍面临一些问题，如市场化程度不足、土地财务管理制度不完善、农业经营者经营水平有待提高等。为了解决这些问题，我们需要进一步深化农垦改革，加强制度建设，提高农业经营者的素质和能力，推动农垦事业的持续健康发展。

1. 国有农用地经营市场化程度不足

首先，国有农用地管理行政色彩较为浓厚。各地农垦集团多由行政机构转制而成，导致行政因素在改革中占据一定的主导地位。然而，农垦集团的母公司对其子公司的统筹协调能力显得不足。实践中存在部分以行政手段干预农垦生产的现象，使得企业无法充分发挥市场化决策的优势，增加了农垦生产遭受经济损失的风险。

其次，国有农用地规模化经营水平有待提升。规模化经营是推动农业现代化生产的关键，但在部分人地关系紧张的垦区和农场，农场职工土地承包租赁主要依据农场职工数量，实行土地均分承包。这导致职工家庭的人均耕地规模持续下降，制约了规模化经营效益的发挥。实践中，部分长期实行家庭承包经营体制，使得耕地按等级分块承包经营，每户耕地面积较小，且作物品种差异大，不利于大型农机作业。尤其在一些农场，每年仅一个生产周期，进一步降低了农机投入产出比。这种状况严重制约了机械化生产的推进。

最后，产业联动不足。农产品价值主要靠加工和销售实现，使得农业

产业链中加工和销售环节占较大比重。国有农用地经营效益的提高依赖于全产业链建设后的利益分配。然而,国有农场多地处偏远,交通不便,地域因素阻碍了垦区与农产品加工与销售产业的对接。例如,福建的一些农场位于偏远、分散地区,林地多且不连片,土地盘活灵活性不高,对农场引办企业或辖区企业发展带来较大负面影响。同时,农垦经营管理体制改革时间较短,各经营主体间的利益表达和协调尚不充分。在垦区集团之间以及垦区集团内部,由于缺乏统筹协调,会出现压低子公司、分公司产品价格的现象。在产业间关系方面,加工销售专业公司与职工家庭农场以产品市场交易为主,缺乏深层次利益联结机制。

2. 土地财务管理制度不完善

土地财务管理制度尚存的不足,具体体现为土地财务统计数据的完整性以及部分资产是否纳入账目管理等问题。

首先,关于土地整理资金等国家财政拨款的问题。垦区的土地整理资金主要用于农田间道路建设和水利工程设施等资产化项目的支出。然而,由于垦区土地整理账册是按照财务制度独立核算的,故该部分资产未被纳入农垦企业的决算报表之内。

其次,关于土地使用权等资产的管理问题。垦区在进行城镇建设的过程中,采用置换资产的方式与开发商进行合作,以土地使用权换取竣工资产。尽管2006年《国务院办公厅关于规范国有土地使用权出让收支管理的通知》要求将国有土地使用权的出让收支纳入地方预算,但由于缺乏相应的评估制度,国有农用地的土地使用权容易成为账务中的无形资产,从而增加了审计的难度。

3. 农地经营者经营水平有待提升

国有农场地处偏远,经济欠活跃,面临着工资待遇不高、生活条件不便、优惠政策不明显等挑战,导致人才流失严重。在劳动力方面,外来务农人员往往面临不利的竞争环境和社会包容度较低的问题。在农场职工岗位的选拔上,农场往往优先考虑本场职工的子女,而非外来的青壮年劳动力。在一些经营状况良好、劳动密集或土地资源丰富的垦区，如广西金光农场，部分有能力的年轻务农人员通过辛勤劳动获得了农场职工身份和当地户籍。然而，对于土地紧张、财力薄弱的农场，如河西走廊西部的一些农场，即使外来务工人员长期租种土地且表现优秀，也难以获得农场职工身份。这些因素共同降低了垦区对人才的吸引力，导致农垦农业从业人员在总量过剩的同时，结构性矛盾突出，普遍存在劳动力年龄、知识和技能老化问题，而专业经营管理人才匮乏。

在激励机制方面，多数农垦企业缺乏规范的员工绩效考核体系，难以体现公平性。这导致管理者更关注短期效益而非垦区农场的长期发展，进而减少对土地改良的投资。对于农工家庭而言，由于土地租期较短，缺乏保障收益的法律依据，故其支出主要用于子女教育、社保缴费和购置农机设备等，缺乏对土地本身的投资意愿。作为耕地直接使用者的务农人员对耕地回报预期不高，导致国有农垦土地难以实现综合高效利用，甚至出现土地闲置等问题。

(二)国有农用地有偿利用规则不完备

国有农用地流转，即国有农用地权利的流动和转移。目前，国有农用地流转存在的主要问题有两个：一是国有农用地承包租赁过程不规范，缺乏有效的监管机制；二是国有农用地使用权的资本化运作缺乏相应的配套政策支持，无法充分发挥其经济价值。

1. 国有农用地承包租赁不规范

为推动土地合理流转和实现规模化经营，一些垦区实施了"两田制"，将土地划分为身份田(基本田或身份地)和经营田(规模田或招标田)。农场保留一定比例的土地由职工经营，其余土地则通过公开招标并采取租赁经营的方式进行管理。然而，长期以来管理的不规范，导致国有农用地既往的承包租赁活动成为制约其参与市场资源配置和集约利用的因素。

首先，国有农用地承包租赁时存在土地定价不合理的问题。由于缺乏科学的定价机制,国有农用地经营权的定价往往依赖于农场和经营者之间的协商,容易受到人情因素和权力寻租的影响。这导致了土地价格普遍偏低,各地累积了大量租金过低的土地租赁合同。据四川省农业农村厅反映,一些农场在将闲置土地承包给外部单位经营时,租期过长、租金过低的问题尤为突出。

其次,国有农用地承包租赁时合同的签订缺乏审查。国有农用地经营权的转移主要依据合同,而合同签订的不规范加剧了利用现状的混乱。在合同要素上,一些合同缺乏变更、解除、中止的条件与违约责任等必备条款,使得有的合同不能变更解除,而有的违约行为不能得到及时的制裁。在合同内容上,存在签约时间过长,合同难以履行的状况。据对某垦区国有农用地经营的调查,发现有经营人已 57 岁,却与农场签订了期限为 50 年合同的状况。此外,甚至还出现了农场的代理人承包土地,在合同中代理人和承包人为同一人等明显不合理的状况。承包关系长期固化、土地承包租赁经营制度不完善、合同不规范等问题严重阻碍了土地生产经营效益的提高。

最后,国有农用地承包租赁时身份田管理混乱。由于缺乏对国有农用地私下流转的管理,出现了“碎片化承包”和“漫游式转包”的问题。这种混乱的承包关系一方面阻碍了国有农用地承包期结束后的经营利用,一些国有农场出租时间久的土地上遗留了大量地上物,造成租金收缴难、收回出租土地难、地上物拆迁难等问题;另一方面导致国有农用地的实际经营者在承包经营的过程中负担了更多不必要的成本。例如,在黑龙江省和安徽省的一些农场,其 2015 年的土地流转价格便由职工应上缴农场的租金和应缴纳的养老保险费两部分组成,这使得经营者若想要实现规模效应,还需向出租者多支付一笔基于其职工身份的租金。

2. 国有农用地使用权的资本化运作缺乏配套政策

国有农用地管理改革的核心在于实现农垦土地资源的资产化和资本化。在资产化过程中,明确土地资源的权属关系和经济价值至关重要,这涉及对土地进行作价评估并入账。而当这些资产进入市场,能够为所有者创造预期收益并实现增值时,便实现了土地资本化。简言之,国有农用地使用权的资本化,即在政府授权下,通过农垦改革和市场运作,使国有农用地使用权成为农垦企业资产的一部分,进而优化资产结构和增加有效资产。这不仅彰显了国有农用地的真正价值,还增强了农垦企业的抗风险能力和融资能力。近年来,《中共中央、国务院关于进一步推进农垦改革发展的意见》《国务院关于全民所有自然资源资产有偿使用制度改革的指导意见》均强调完善国有农用地的有偿使用,并探索国有农用地使用权资本化运作方式,如出让、作价出资、授权经营等。在此背景下,各垦区积极探索国有农用地使用权资本化的路径,并取得了一定成果。然而,在试点过程中,也暴露出一些问题,如缺乏操作规程的指导、配套措施不完善、地方支持力度不足等。

(1)缺乏指导性强的操作规程

对于国有农用地的资本化问题,尽管有国家和省级的政策依据,以及部委文件的明确规定,还有部分企业的实践经验,但在实际操作层面,仍缺乏统一、具体的操作规范。如原国土资源部于 1999 年发布的《关于加强土地资产管理促进国有企业改革和发展的若干意见》和 2001 年发布的《关于改革土地估价结果确认和土地资产处置审批办法的通知》等文件,虽然提供了一定的指导,但这些文件的内容较为零散,且时间跨度较大,难以形成系统性的操作规程。

由于缺乏具体的操作规范,国有农用地使用权资产化、资本化运作的方式仍受到一定限制。例如,尽管国有土地使用权作价出资或入股已被明确为国有土地有偿使用的方式之一,但由于缺乏具体的操作细则,其在实践中的应用仍较为有限。目前,一些地区仅将其用于省级以上政府批复的国有企业改制时的划拨土地资产处置,而未能推广至与金融产品进行更广泛的对接。

此外,试点探索的文件级别较低,导致了国有农用地在资本化过程中的利益冲突得不到有效调处。国有农用地作为价值巨大的社会资源，如何平衡各方的利益成为实现其资本化运作的关键。然而，在缺乏高位阶操作规范的情况下，仅依靠农垦管理部门下发的文件与试点探索，难以有效调处各主体之间的利益冲突，尤其是其他主体与地方政府间的利益冲突。

各地在国有农用地资本化探索方面步伐的不一致，也带来了潜在的风险。尽管湖北省农业农村厅反映该省范围内多个农场对国有农用地使用权进行了作价出资、股份合作等积极探索，但由于没有统一的、明确的国有土地资本化操作规程，各地大多参照国有建设用地的做法推进国有农用地的资产化、资本化。然而，国有农用地与建设用地存在较大差异，不能完全照搬。因此，应尽快制定出台国有农用地使用权出让、作价出资（入股）、授权经营、担保抵押等方面的制度规范和操作规程，以指导各地进行国有农用地资本化的实践。若任由各地自行探索而不提供相应的指导和支持，可能带来较大的风险。

（2）配套措施不完善

在农用地价值实现过程中，定价机制及相关税费的不规范问题亟待解决。尽管2019年自然资源部办公厅发布了《土地估价行业“双随机、一公开”监督检查实施细则（试行）》和《关于加快制定征收农用地区片综合地价工作的通知》等文件，旨在规范土地估价行为，但目前仍未建立起科学反映农用地价格变化的定价平台。

在相关税费方面，2007年《财政部、税务总局关于继续支持企业事业单位改制重组有关契税政策的通知》规定，划拨用地若以出让或国家作价出资（入股）方式转移，承受方需按规定缴纳契税。这意味着在国有农用地作价出资过程中，若需将土地由农场变更登记至农场公司并完成资产化工作，承受方需先缴纳3%的契税。这一税费负担在国有农场将国有农用地作价出资、实现土地资本化之前便需缴纳，无疑增加了其经济压力，制约了国有农用地资产化、资本化的推进。除宁夏回族自治区对国有农用地出资入股过户契税实行免征政策外，其他地区均正常征收相应税费。

(3) 地方支持力度不足

首先，部分地区在推动国有农用地使用权资本化方面出现合规主体缺失的问题。根据 2016 年《关于扩大国有土地有偿使用范围的意见》(国土资规〔2016〕20 号)，农场生产性、经营性国有划拨建设用地和农用地在进行作价出资时，必须由经省级以上政府批准开展国有资产授权经营的国有独资企业、国有独资公司作为实施主体。但在实践中，某些省份尚未成立符合上述要求的省级农垦企业，导致这两种土地资产化和资本化的处置方式缺乏实施平台，难以实现土地资本化运作。

其次，各地在推进国有农用地使用权资本化方面还面临专业交易平台匮乏的问题。国有农用地作为一种特殊形态的资源，具备价值和可交换性。为了盘活这一土地资源，需要优化资本配置，即通过作价出资等方式将土地注入企业或通过抵押、担保、出租等途径提升土地价值。在此基础上，应规范开展土地资本运作，通过交易实现土地资本再投资以挖掘其金融价值。然而，目前土地资本化进程中缺乏相应的交易平台，导致土地、担保、抵押以及资本化交易双方沟通不畅。供求双方既缺乏交流与信息交换的畅通渠道，又缺乏规范的交易市场体系。这无疑阻碍了国有农用地使用权资本化的进程。

(三) 国有农用地功能转型迟缓

随着我国农垦土地管理改革的深入推进，国有农用地的功能定位正发生显著变化，经济功能日益突出，社会功能则逐步剥离。然而，在这一过程中，也暴露出了一些新的问题。为实现经济功能与社会功能的合理分离，国有农用地的经营方式应以市场为导向，政企、社企应明确各自职责，实现分离。然而，由于历史遗留问题，计划管理的惯性仍然在一定程度上阻碍着市场化改革的进程。此外，政府在职能转变方面也需要进一步明确各管理主体的权责关系，从侧重管理转向注重服务。当前，国有农用地管理在主体分工、企业化经营规范以及政府服务职能履行等方面仍存在诸多问题,这些问题制约了国有农用地功能的顺利转型。

1. 国有农用地管理体制分工不合理

改革开放以来,我国土地行政管理体制逐步从分散管理走向集中管理。自2004年起,我国正式进入垂直管理改革阶段,形成了中央与省双重管理,省以下垂直管理的模式。目前,除新疆生产建设兵团外,我国农垦国有农用地的管理主要分为广东与黑龙江两省的"部省双重领导"的中央直属垦区模式以及其他地区的地方垦区模式。然而,这两类管理模式均存在若干问题。

中央直属垦区实行"部省双重领导、以省为主"的管理体制。垦区所在省负责党的建设、领导班子建设、干部队伍建设和改革发展稳定等各项工作,而国家有关部门则负责安排垦区的中央财政预算投入、中央预算内投资等。然而,这种管理体制在一定程度上造成了"地方决策、中央买单"的局面。此外,对于还是全民所有制企业的广东农垦集团,在出资人尚不明确的情况下,垦区企业改制中如涉及国有土地以作价出资或者入股、授权经营及划拨方式处置,审批流程尚不明确。

而在地方垦区的管理模式中,各管理主体间的权责划分不清晰。地方农业农村部门内设的农垦管理机构行使行政管理职权,而农垦集团公司作为名义上的责任主体却缺少管理职权,导致管理缺位问题加重。此外,农垦集团公司的土地管理处行使的权力系集团内部对国有土地的物权管理,并非外部事权。以宁夏回族自治区农垦集团的实践为例,虽然规定农垦土地的所有权属于国家,自治区政府授权农垦集团统一管理,但在实践中易出现各主体间的推诿。

同时,实践中还存在着一定程度的衔接机制不畅问题。农垦系统既受到中央部委纵向的行业管理,也受地方政府横向的属地管辖。这种长期以来的"条"和"块"管理的分离加大了二者之间协调的压力与部门之间的利益冲突,对围绕土地规范展开的农垦土地管理体制间的衔接产生了较大的负面影响。属地管理下的土地开发和规划建设常常出现重视“块”而轻视“条”的问题。地方政府在“从严控制城乡建设总规模”的大背景下,缺乏将土地规划指标分配给农垦的意愿。此外,在管理制度与实践需求的衔接方面,国土资源管理部门与农垦企业之间的沟通交流机制也存在一定问题。在部分情况下,国土资源管理部门在制定规划时未充分征求农垦集团的意见,导致农垦企业需不断申请地方修改土地规划或管理政策,致使管理成本增加、效率降低。实践中甚至有个别地方政府在制定空间规划时将农垦绝大部分土地规划为永久性基本农田,严重限制了农垦产业化发展、农垦项目建设乃至国有农用地使用权资本化工作的推进。例如,一些地方政府在规划修编与基本农田保护划定工作中未充分征求农垦及农场的意见,导致部分农场耕地和永久基本农田保护任务偏重,部分农场甚至存在实有耕地和基本农田面积与保护目标倒挂的情况。

2. 国有农用地企业化经营不规范

国有农场现代企业制度建设的核心在于实现政企、社企两分离,旨在将政府和社会职能从农场重新交还给政府与社会,从而促进农垦企业建立健全的法人结构,更好地参与市场竞争。然而,现代企业制度的建设并非是一蹴而就的,其实践过程中也受到经济社会条件的制约。

在政企分离方面,尽管采用了所有权和经营权简单分离的模式,但并未取得预期效果。其原因在于缺乏对农垦企业管理层的激励和监督机制,导致政企分离未能真正提高农用地的利用效益。具体来说,首先,企业的所有者与经营者利益不一致,可能引发经营者侵犯所有者利益的风险。其次,所有者和经营者之间存在信息不对称的情况,经营者拥有经营过程中的真实信息,而作为所有者的国家获取信息和进行审计监察成本高昂,同样存在经营者侵犯所有者利益的风险。最后,所有者和经营者对企业经营结果所负责任不对等,导致国有农用地的经营者缺乏对土地利用进行长期规划以提高长期收益的动力。此外,由于缺乏有效的监督和激励机制,一些地区出现了完成公司注册但未实际运营的情况。以廊坊市农垦的实践为例，尽管文安县、大城县注册了农垦有限公司，但并未健全法人治理结构和规范公司运营机制，导致政企分离在一些地区沦为空壳。

在社企分离方面，分离办社会职能的目标与地方实际情况相脱离。2016年《农垦国有农场办社会职能改革实施方案》要求因地制宜推动国有农场办社会职能改革。国有农场在改革开放前长期承担农场范围内的政府公共职能，如基础教育、职业教育、卫生医疗、公共交通、城建城管、社会治安等。然而，在社企分离改革中，地方政府普遍缺乏完整接收社会职能的能力。例如，广西农垦集团有限责任公司有关同志反映："历史包袱沉重，如职工养老保险、医疗保险移交前，需补足交齐，地方才肯接纳，这部分需要十几亿元。"由于社会职能承担者不明确，农场社区中非国有经济部分的企业作为独立纳税人将税收上交地方政府后并不能获得所需的社会服务。国有农场对非国有经济企业投入的精力或财力也不会转化为国有农场所需的回报，这不利于形成良性的经济关系。社企分离时社会职能安置不妥当的问题，阻碍了垦区公共服务的供给与整体发展水平的提高。

3. 政府服务职能履行不足

2006年，党的十六届六中全会明确提出建立服务型政府，强化社会管理与公共服务职能。这一方针指引下，我国政府正逐步从管理型向服务型转变。国有农用地的经营利用，作为国家农业发展的重要组成部分，也需依赖政府的规划与供地政策。然而，当前政府在农垦土地履职方面存在一定的不足，这不仅阻碍了国有农用地利用效率的提高，还制约了其功能转型的顺利实现。

首先，政府对国有农用地进行行政审批时，存在审批程序烦琐的问题。在审批主体方面，各职能部门间权限分配不清、衔接不足。具体来说，农用地审核和管理的主管单位为属地自然资源部门，而国有农场（企业）的上级主管部门为农垦主管单位。两者在垦区内办理设施农用地的审批备案过程中职责模糊，导致实际操作中经常出现混乱。此外，所在地政府也未针对国有农场制定专门的备案流程、用地规模和资料组卷规定，这使得国有农场设施农用地的备案流程不明确，农垦部门的管理权限也不够清晰。

其次，供地政策也是制约农垦发展的重要因素。在农垦土地的取得上，受限于“农用地转用收回”和“招拍挂供地”政策，农场须以招拍挂的方式取得该部分项目用地。在缺乏针对性供地政策的情况下，农场在土地取得方面面临较多不确定因素。以江苏省为例，该省出现了因项目区土地权属的确认、地类图斑的审核以及土地整治项目的可行性等事宜需要项目实施农场所在地的国土部门盖章确认的情况，一些县市借机提出收益分成要求。收益分成无法谈拢，已成为一些项目未能申报和实施的主要原因。

最后，国有农用地的经营缺乏政策扶持。现代农业的发展正在从劳动密集型向技术密集型产业转型，这一过程中需要资金和技术的支持。然而，受限于农垦单位特殊的性质，国有农用地在经营利用方面未能充分享受到惠农政策，一定程度上存在着“慢半拍”的现象。

三、加快国有农用地功能转型并加强保护

（一）加快国有农用地功能转型

1. 明确国有农用地管理体制合理分工

首先，对于中央直属垦区的管理模式，应解决中央与地方的管理范围重叠问题。在构建农垦现代企业制度的基础上，我们需要从中央到地方明确划分部、省各自的管理范围和权限。通过规范管理事权的内容和程序，我们可以有效避免重复管理和管理真空地带，确保管理的有序性和高效性。

其次，对于地方垦区的管理模式，建议在省级政府成立农垦改革发展工作领导小组。这一小组将负责协调各级农垦企业的管理工作，确保管

理权限的有效划归。在此基础上,地方农业农村部门和国资监管部门将主要承担行业指导和资产保值增值的管理职能。农垦集团的土地资产管理职能应由集团内设的土地管理机构行使,而地方自然资源部门则应侧重于土地资源管理。在进行农垦土地保护管理和规划利用时,需要充分征求和采纳农垦集团及相关农垦企业的意见。特别是要充分满足农垦企业生存和发展对国土空间规划的需求,合理安排足够的土地规划指标,以确保为农垦企业预留合理的用地规模和发展空间。

通过上述措施,我们可以优化中央与地方的管理关系,提高农垦企业的管理效率和资源配置效益,推动农垦事业的持续健康发展。

2. 规范国有农用地企业化经营

在政企分离方面,不能简单地采取所有权和经营权分离的模式,而应借鉴现代企业制度的经营管理理念,建立健全对农垦企业管理层的激励和监督机制。一方面,需要制定国有农用地经营管理制度,规范经营者和管理者的行为,确保其职责、权利和利益相协调。另一方面,应该努力扩大农场公司国有集中经营的农用地面积,将收回的退休职工的农用地、承租到期的农用地纳入公有公营范畴,以增加农场公司自主经营收益。

在社企分离方面,需要加强省级政府农垦改革发展工作领导小组对"农场办社会职能移交"工作的监督。已经签约的地方政府必须明确期限,将农场办社会职能全面接收过来。不能出现"只移不接"或"表面签约接了实际行动却没接"的情况。如果财力不足,应通过内部挖潜解决。未能按约定目标完成的,应返还一定税收给农垦企业,用以支付农场办社会职能移交过渡期的支出。

3. 理顺政府服务职能

首先,需要就政府对国有农用地的行政审批流程进行简化和明确。在此过程中,省级自然资源部门应作为主体,而市、县自然资源部门则需按照垂直管理机制进行全力配合。其他部门如国资监管部门、发改部门和财政部门,在实体性的农垦国有农用地管理工作中不宜过多介入。在接受政府行政审批时,农垦集团的管理行为仅限于对其下属农垦企业进行制约,而不能对地方政府行政审批部门产生影响。然而,当遇到有关国有农用地保护管理和规划利用的实际问题时,农垦集团应有权协调各级人民政府及其自然资源等部门的工作。关于垦区设施农用地审批备案问题,建议由省级自然资源部门制定相关规定。在此规定中,应赋予农垦集团设施用地初审权,而其他权利则可交由地方政府及其自然资源部门行使。农垦集团在此过程中不应过多干预。

其次,国家层面应出台规范的政策,明确规定农垦国有农用地的经营方式。在此基础上,农垦国有农用地应全面、平等地享受国家和省市县关于农业农村的各种优惠政策。同时,需要重点解决《中共中央、国务院关于进一步推进农垦改革发展的意见》中提出的"将农垦全面纳入国家强农惠农富农和改善民生政策覆盖范围"的问题,确保相关政策得到有效落实。

(二)坚守红线与开发盘活并举

1. 坚决守住耕地红线

新形势下,耕地保护工作的重要性与紧迫性不言而喻。我国面临粮食需求量大、人均耕地占有量少的基本国情。根据第二次全国土地调查结果,我国实有耕地 20.27 亿亩,但稳定利用的仅 18 亿多亩。随着工业化、城镇化的推进,资源环境承载压力增大,保护耕地、保障国家粮食安全的任务越发艰巨。因此,严格划定、特殊保护永久基本农田,规范设施农用地管理,控制新增建设用地,已成为当前耕地保护的重要而紧迫的任务。

守住耕地红线和基本农田红线,是农业发展和农业现代化建设的根基和命脉,也是国家粮食安全的基石。在新形势下,农垦的国有农用地资源作为其最大的资源,需严格划定、特殊保护永久基本农田,以增强现代农业发展的物质基础。同时,需强化城市发展边界约束,促进新型城镇化健康发展。此外,还需倒逼节约集约用地,缓解资源环境承载压力,促进生态文明建设。

新增建设用地应纳入当地土地利用年度计划。不符合规划、没有新增建设用地计划指标的，不得申请使用国有农用地进行非农建设。兴办第二、三产业和招商引资新建非农建设项目需使用国有农用地的，必须依法办理农用地转用审批手续和土地供应手续。

2. 大力支持国有土地开发盘活

农垦土地资源丰富，但存在大量分散、闲置、亟待开发利用的土地。为有效利用这些土地，各级自然资源管理部门需在国土空间规划的指导下，加强对土地开发整理工作的组织和领导。对于配置不当、利用不合理的存量建设用地和未利用地，应实施土地综合整治，补充农用地面积，提高土地集约利用率。同时，通过提质改造和基础设施配套建设，改善农业、林业、牧业生产条件，提高产出率。此外，应加强国有农用地的统一规划，按照宜农则农、宜牧则牧、宜渔则渔的原则，合理配置土地资源，改进土地利用结构，促进生产结构调整。

为进一步推进农垦改革，地方各级政府应出台相关文件，给予政策、资金支持，简化农垦土地整治项目流程，提高农垦盘活国有农用地的积极性。此外，农垦土地整治项目建设应单列，允许农垦作为省级土地整治项目自主立项并实施。同时，将农垦土地整治项目新增耕地指标纳入省级补充耕地指标交易平台，确保新增耕地指标顺利入市交易，收益归农垦集团。

长期以来，国有农场国有农用地在地方实行"属地管理"，导致土地整治项目产生的经济效益未能让农垦企业参与分配。因此，必须明确农垦企业作为土地综合整治项目的业主和实施单位，确保其参与项目收益分配。例如，安徽农垦通过"旱改水"项目将旱地、水浇地改造为水田，提高耕地等级和耕地产能。为确保"旱改水"项目的可持续性，后期还需加大资金投入，完善农业基础配套设施。

综上所述，为促进国有农用地节约集约利用，必须加强统一规划和管理，出台相关政策措施，确保农垦企业作为项目业主和实施单位参与项目收益分配。同时，加大资金投入和完善基础设施，提高农业综合生产能力，实现可持续发展的目标。

（三）通过国土空间规划严格落实土地用途管制制度

2019 年修正的《土地管理法》明确将土地用途管制确立为我国土地管理的基本制度，并在第 4 条中规定，国家实行土地用途管制制度，通过编制土地利用总体规划，规定土地用途，将土地分为农用地、建设用地和未利用地；严格控制农用地转为建设用地，以控制建设用地总量，并对耕地实行特殊保护。《土地管理法》第 18 条进一步明确，国家建立国土空间规划体系，以取代原先的土地利用总体规划和城市总体规划。

在实施过程中，土地用途管制体现出两个核心特点。一是国土空间规划作为实行用途管制的基础，明确未经规划不得开发土地的基本法律原则。二是国土空间规划具有法律效力，任何单位和个人必须按照规划确定的用途使用土地。实质上，无论土地所有权、使用权如何，土地的利用必须符合社会公共利益。

自《土地管理法》实施以来，以耕地保护为核心的土地用途管制制度被证明是切实可行的。它既符合实行最严格土地管理制度的需要，也适应经济社会科学发展和构建和谐社会的需求。国土空间规划在实施土地用途管制中起到至关重要的作用，它不仅关系土地资源的保护和合理利用，还会影响区域经济的协调发展。

针对国土空间规划（包括土地利用总体规划）在编制、审批和实施中存在的突出问题，有必要重点完善以下内容。

1. 明确各级国土空间规划的功能定位

为解决国土空间规划编制和实施中的问题，需要明确各级规划的功能定位。全国、省级、市级国土空间规划应作为战略规划，主要负责明确国家土地管理政策和方向，控制建设用地总量和确定耕地保有量；县、乡级国土空间规划则应着重分区管制，根据当地实际情况划分土地利用区，并根据土地使用条件确定每一块土地的用途。在修编县、乡级规划时，应注重提高其可操作性和确定性，以确保上级规划的数量控制和土地使用方向的控制得以有效实现。同时，应严格控制年度农转用计划，加强农用地转用审批，并采用经济手段如收取土地有偿使用费、征地补偿安置费等进行调控，以控制土地用途变更，防止国有农用地转为建设用地，保障国有农用地的管理和使用。以上措施可以提高国土空间规划的权威性和可操作性，确保其在实际控制中发挥应有的作用。

2. 强化国土空间规划的公众参与

关于土地利用总体规划体系，其重心在于制定各类土地利用的数量指标，并实施自上而下的指标控制。然而，在规划编制过程中，土地利用分区的重视程度不足，空间管制亦不够严格。此外，在规划及修改过程中，应进一步征求相关主体的意见。

在规划的制定过程中，起草、审查、讨论、通过或赋予最终法律地位等环节至关重要。这些环节决定了规划的支持度，并为检验其实践效果提供了依据。一个优秀的规划应当得到社会公众的广泛认同。因此，在规划编制程序中，应增加听证和公告环节，要求各级规划尤其是乡级规划在修编过程中，广泛吸纳土地使用者的意见。乡级规划依法批准后，还应进行公告，使社会各界了解规划内容，以便实施社会监督。

3. 完善国土空间规划的修改程序

在处理国有农用地保护的问题上，必须以国土空间规划为根本依据。在编制和修改国土空间规划的过程中，各级有关部门要加强沟通协调，确保规划的科学性和严谨性，尽量避免规划间的冲突和矛盾。

对于规划的修改，需要区分实质性和非实质性修改。如果修改涉及改变国土空间规划确定的土地利用方向、规模或重大布局，那么这种修改属于实质性修改，必须按照《土地管理法》规定的规划修改程序报经原规划审批机关批准。反之，如果修改不涉及这些方面，则属于非实质性修改，可以通过规划的简易修改程序进行。这个简易修改程序只需经上一级自然资源部门批准即可施行。通过这样的规定和程序,可以确保国土空间规划的权威性和稳定性,从而更好地保护国有农用地。

(四)强化国有农用地执法督查

关于国有农用地的特殊使命,各级政府应深刻认识到解决国有农用地纠纷问题的重要性和紧迫性。垦区国有农场与周边农村的农用地纠纷问题,需引起高度重视,并列为重要议程。为彻底解决此问题,应组织力量、落实责任,并加大工作力度。同时,自然资源部门应充分发挥监管主体责任,分类指导相关市县加强纠纷调处工作;建立动态巡查、监督机制,形成执法体系,共同防范违法行为;赋予自然资源行政主管部门制止权,坚决查处侵占行为,对非法占用的国有农用地予以返还,对破坏行为予以打击。此外,构建共同责任体系,加大执法力度,树立权威。应将国有农用地督察制度上升为法律制度,监督地方政府履行保护和合理利用的职责,并将其纳入政府年度绩效考核,推进违法违规查处,强化主体责任意识,落实各层级、各部门责任,形成齐抓共管格局,通过奖罚手段构建共同责任体系。[1]

四、国有农用地承包经营权的保障

(一)国有农用地承包经营权实施过程中存在的问题

目前,国有农用地的承包经营处于起步阶段,为农业经济的发展做出了很大的贡献;但从长远看,实现国有农用地承包经营的过程中还是存在经营范围不明确、权属不清晰、土地纠纷事件频发等一系列问题,在一定程度上影响了农用地建设,对于农业经济发展也有着极大的阻碍。

1. 国有农用地权利体系的立法尚不完善

就我国现行的相关法律法规来看,我国对于国有农用地产权制度以

---

〔1〕 曹务坤:《国有农用地承包经营法律研究》,中国社会科学出版社2011年版,第73~84页。

及农用地权利体系的立法仍不够明确。其具体表现为：首先，2019 年修正的《土地管理法》对于建设用地的相关权利进行了明确的规定，但是对于国有农用地的相关权利仍没有系统性的说明，也没有对于国有农用地使用权的取得明确规定；其次，《民法典》对于国有农用地的规定中，对于国有农用地的使用权等概念并没有明确的区分，其规定也主要是参照国有土地承包经营权。因此，在国有农用地承包经营时，我国现行的相关法律制度并未明确规定其具体取得方式，法律制度的缺失也就造成了我国对于国有农用地整体适用范围和使用权取得方式欠缺规范性，其效力也并不高。

2. 国有农用地使用权认定制度不够完善

我国在《土地管理法》以及《民法典》中对于国有农用地的使用权认定均作出简单说明，但是并没有对具体使用权的认定与性质作出明确规定，这就导致我国国有农用地在使用权认定时不够合理、规范。

国有农用地使用权性质的不确定性，阻碍了该权利的实现。我国法律对于建设用地使用权及集体农用地使用权有明确规定，而对于国有农用地的概念仅含糊概括，这就导致了该权利的实现受到阻碍。由于该概念不清晰，实践中部分地区在土地承包经营时出现了直接颁发土地承包经营权证而未颁发国有农用地使用权证的情况，造成了使用权认定不明确等问题。

3. 土地承包经营权的权利主体不明确

我国农村有村委会主管村民事务的传统，村委会对于农村事务的支配权相当大，在国有农用地上实施承包经营与流转时，农场等基层自治组织仍对相关土地划拨与农业经营有着较大的分配与管理权，在现实发展的过程中，容易造成农工实际权益损害的情况。我国法律明确规定国有农用地归国家所有，但在目前的产权体系中，真正代表国家利益和负责土地承包经营的组织并不存在，这也就会使部分基层干部利用私权对于农工的土地使用权加以侵犯，可能表现为未经同意私自收回土地承包权，这就导致农民权益受损，影响农村经济的发展。

4. 国有农用地承包经营权登记程序尚需进一步规范

国有农用地承包经营权登记程序的不规范性主要体现在：第一，由于缺乏真正代表国家权益的相关组织，对于土地承包经营的相关事务就由基层自治组织负责，村干部缺乏专业知识的指导，未经受相关程序登记的培训，主导土地流转的过程中就会有较强的主观性显现。第二，由于农村更讲究“邻里关系”，相信其口头承诺，对于相关承包经营以及流转，更多采取简单的口头约定方式，并没有进行相关书面合同的签订，造成了整个承包经营权的相关登记并没有程序化的书面证明；即使有部分地区订立了书面合同，但是合同中相关条款并没有进行详细说明，极大地影响后续的权益保障。第三，因经济发展的需要，很多农用地会出现被建设用地占用的情况，很多地区农民的土地在承包经营过程中被占用，后续补偿却标准不一，造成农民与建设企业之间纠纷的发生，不仅不能合理补偿农民的损失，同时还会影响建设用地的施工进程。[1]

(二)针对存在问题的解决措施和建议

1. 厘清集体土地与国有土地的区别

国有土地与集体土地的区别主要有以下表现：首先，两者的所有权人不同，我国法律明确规定，国有土地的所有权人是中华人民共和国的全体公民，而集体土地的所有权人是农村集体经济组织的成员；其次，两者的用途有所不同，国有土地的使用方式主要有他用或生产自用，而集体土地可以用于生活、经营或者自用；最后，两者的收益渠道也有差异。

2. 以“看齐”意识完善国有农用地承包经营权

首先，以集体土地承包经营方式为参考，合理设置国有农用地承包经营权。随着我国土地改革的不断发展，我国集体土地承包经营有了相对完善的法律和运行体系，因此，对于国有农用地承包经营权中存在的相关

---

〔1〕 李红梅、刘云菲、刘恩平：《推进农垦国有农用地经营管理创新的战略思考》，载《中国农垦》2019 年第 10 期。

问题，国家在之后的发展过程中，可以用地市级政府对比集体经济组织，以国有企业单位对比集体经济组织成员，参照集体土地承包经营方式，设置国有农用地承包经营权。

其次，以建设用地使用权为参考，进一步加快完善国有农用地产权政策体系。由于目前我国国有农用地产权政策体系仍不完善，相关规范性文件也并没有明确对其进行规定，进一步规范国有农用地的承包经营权，就要尽快完善国有农用地的产权政策体系。一方面，参考已经构建完善的集体土地承包经营方式以及建设用地所有权、使用权的相关法律规定，从法律层面对于国有农用地的使用权、内容、承包经营方式等方面进行严格规定；另一方面，在实施过程中进一步完善相关的管理体系，完善国有农用地产权管理的相关内容，进一步明确后续使用过程中相关承包经营者的权利与义务，为国有农用地后续健康发展做好基础保障。

最后，建立完善国有土地所有者职责体系。以国有建设用地制度为参考，探索完善国有农用地的相关政策，推进国有农用地所有者职责履行，为健全完善有关法律提供储备。第一，各级政府及相关部门的负责人应当根据当地国有土地承包经营过程中存在的相关问题提出配套的法律法规及解决措施，处理历史遗留问题，规范当地土地承包经营，为农民合法权益的实现提供切实的保障，推进农村现代化的快速实现。第二，国家及各地政府应当出台对农民民生保障的相关措施，对于土地承包经营权发生变动造成的农民经济权益损害，国家应当根据实际情况加以补偿，并为其提供优先招收等政策，解决其未来发展的生计问题。第三，要明确各地区对于土地的开发与利用限度，合理利用土地进行建设，当农民权益受到损害时采取标准的补偿措施，减少相关纠纷和问题，推进工业建设与经济建设的共同发展。

3. 各部门相互配合共同促进国有农用地健康发展

要发挥各部门、全社会的共同力量完善国有农用地承包经营权，实行“自上而下，由高到低”的工作原则。首先，坚持党对于一切工作的领导地位。加大对土地制度改革的引导力度,加大对于基层领导干部的培养,加大农村引进人才的鼓励政策,激励农民参与农村土地改革的积极性、主动性和创造性,让其发挥“主人”地位,切实保障其权益的实现。其次,最大限度地集中人力、物力、财力,对于农村改革按照分重点、分区域进行,大力扶持农村农业经济的发展,加大对于农业科技的支持力度,引导农民合理使用先进技术提高生产率,同时在保障农民原有收益不变的情况下鼓励农民进行农业生产的创新,提高农产品市场竞争力。

4. 妥善解决土地经营过程中的遗留问题以保障农民合法权益

第一,妥善解决土地买卖等不合法现象,推进国有农用地承包经营与流转,通过多渠道解决历史上农民间土地纠纷的问题,保障土地在合理、合法的范围内进行承包经营与流转。第二,对于农工身份逐渐灭失、权属不清等土地问题,各地政府要在保障农民合法权益的基础上,将农村权属不明的土地及时收回,对其之后的承包经营作出合理规定,促进国有农用地承包经营的可持续发展。第三,加大宣传力度,对于相关政策要及时对社会公布并宣传,给农民吃“定心丸”,激发农民的生产积极性,提高农业生产效率,加速农业现代化进程。

构建以承包经营权为主体的国有农用地产权体系,持续加大对国有农用地承包经营权的规范,将极大促进国有农场地区农业经济发展,促进农业现代化的快速发展。[1]

五、国有农用地安全利用

中国作为世界农业大国之一,农业经济发展历史悠久,但是随着当前经济的不断发展,市场中竞争越发激烈,为了有效满足当前市场对农产品的需求,积极开展农业转型工作非常必要,农业生产模式应当向现代化、规模化方向进行转变,进而促进农业丰产增收。为了有效提升农业生产

---

〔1〕 孙恺、宋玉玲:《自然资源资产产权制度改革背景下国有农用地承包经营权探究》,载《中文科技期刊数据库(全文版)社会科学》2023 年第 5 期。

力,农户需要不断提升土壤肥力,进而导致农用地土壤化肥农药超标,严重影响农用地的安全性。部分地区农用地周围存在工厂,工厂生产产生的污染物会向土地中排放,导致农用地受到严重影响,土壤质量受到直接损害。当前农业地的安全利用问题突出,直接关系国家的粮食安全、社会稳定以及每个人的根本利益,如果无法有效解决相关问题,将对国家农业发展造成恶劣的影响。

（一）国有农用地安全利用的重要意义

在开展农业生产工作的过程中,保证农用地的安全利用是基础,只有这样才能保证生产工作的正常开展,保证农产品的质量以及产量都维持在相对较高的水平。但是,实际生产工作开展的过程中,实现农用地的安全利用并不容易,因为该项工作不仅涉及农药、化肥等产品的利用,周围工厂也会对农用地的安全性、质量产生直接影响,以上因素如果得不到有效控制,都会产生非常严重的土壤污染问题。影响农用地安全利用的因素远不止土壤污染,自然灾害、农产品价格的不断提升,劳动成本的不断增加,农业生产力的流失以及严重的土地荒废问题都将对农用地的安全利用产生直接影响。因此,保证农用地的安全利用具有非常重要的现实意义,不仅可以为国家粮食安全提供充足保障,还可以有效维持社会的和谐稳定,并且可以真正实现农产品的丰产增收,进一步提升农产品质量以及农业生产水平,从而促使国家农业经济实现高效可持续发展。

（二）国有农用地安全管理现状

为了实现农用地的安全利用,国家以及当地政府都采取相应手段对农用地进行管理,并且相关管理工作取得了一定的成效。以下将对农用地安全管理现状进行阐述。

1. 出台《土壤环境质量标准》

在国家经济水平不断提高的过程中,农业经济也得到了较大的发展,并且发展速度越来越快,在农业种植面积不断扩大的过程中,相应农用地的质量、安全性以及土壤环境或多或少都受到一定影响,对国家农业经济的发展造成了阻碍。因此,国家意识到了对农用地进行管理的重要意义,并出台了《土壤环境质量标准》,以此来对土壤的基本工程以及安全性进行研究,从而有效对农用地进行保护,促进农用地的安全利用。当前,《土壤环境质量标准》主要针对农用地土壤自然生态下的质量,保证其可以满足人体健康的基本需求,保证农作物的正常生长。

2. 农用地分类管理

《土壤污染防治行动计划》明确要求,实施农用地分类管理。为了保证农用地安全管理工作的高效性,国家建立农用地分类管理制度,按照土壤污染程度和相关标准,开展耕地土壤环境质量类别划分,将农用地划分为优先保护类、安全利用类和严格管控类,从而有针对性地开展耕地土壤风险管控和修复,为提升耕地土壤环境管理的科学化、精细化、信息化提供有力支撑,对促进耕地资源永续利用、保障农产品质量安全具有重要意义。

3. 积极开展农用地土壤污染状况详查工作

土壤污染是阻碍农用地安全利用的主要问题,相关部门针对该项问题积极开展农用地土壤污染状况详查工作。根据环保部门统一部署,相关部门积极开展土壤污染状况详查工作,进而发现土壤污染点位超标区、土壤重点污染源影响区以及土壤安全问题重点区域,从而针对各区域开展相应的治理工作。开展土壤污染状况详查工作的过程中,环保部门设置了土壤监测点位 1 万个以上,监测项目包括农用地土壤的理化性质、土壤中重金属含量以及相应的特征污染物。

(三)国有农用地安全利用中存在的问题

1. 无法明确农用地污染成因

虽然相关部门为了促进农用地的安全利用已经积极开展农用地土壤污染详查工作,但是工作过程中相关部门所应用的点位布置方法与精度存在差异,测量项目不同,相关测量数据也分别由不同部门进行保管,从而使得对数据进行整合存在一定难度,农用地的土壤污染情况以及污染成因无法有效分析明确。土壤污染详查工作无法充分满足农用地安全管理需要,农用地无法由此得到安全合理的利用。

2. 污染治理技术相对薄弱

我国土壤污染管理以及环境治理工作起步相对较晚,专门的土壤环境管理部门近几年才得到建设,甚至部分省市还没有专门的土壤环境管理部门。这种情况导致可以开展土壤环境污染治理工作的技术人员相对较少且无法得到有效培训并掌握相应的污染治理技术,进而导致土壤污染问题无法真正解决,农用地土壤安全性相对较低。

3. 农用地荒废情况严重

除土壤问题以外,农用地荒废严重也是农用地利用不合理的重要表现之一。在时代发展过程中,人们早已对开展农业生产工作失去了积极性,年轻人也纷纷从农村走出来,来到其向往的大城市。该种情况导致农村年轻劳动力严重匮乏,当量农用地闲置、荒废情况非常严重。当前农村开展农业种植工作的人员年龄普遍偏大,种地的目的只是满足自己的生活需要。农业生产工作不仅需要投入大量的农业资源,还会受天气因素的影响,干旱或者洪涝灾害都会严重影响农业生产质量以及产量,如果灾害严重甚至会出现赔本的风险。相对而言来到城市打工风险相对较小,为了规避风险来到城市打工的年轻人越来越多,农用地荒废问题也越发严重。

4. 农用地资源透支严重

当前我国农用地资源面临的问题非常多,除污染问题外,水土流失问题也会使得农用地无法得到安全合理的利用,导致农用地的耕作层变薄,严重影响农产品的质量以及产量。土壤沙化也严重影响农用地的安全合理利用,在沙化土地面积不断扩大的过程中,农用地将直接被吞噬,无法正常开展相应的种植工作。

5. 土地流转严重违规

由于外出务工人员越来越多,为了保证农用地带来更多的经济效益,相关人员不惜违背法律与他人达成交易来获得相应的利润。例如,部分人员会直接将农用地出卖,购买企业会直接在农用地上开展工程建筑建设工作,如改建房屋等。若购买企业如砖厂以泥土为生产材料,大量挖掘泥土将导致土壤表面受到严重破坏。再如农用地非法转让,将土地私自承包给外来公司,在没有国家相关部门允许的情况下改变土地用途。又如变相买卖土地,部分人员会以买房等理由来掩饰买卖土地的事实。在社会形势的影响下,土地流转不合规问题越发严重,该问题不仅导致农用地面积大大减少,还会导致国家的根本利益受到损害。

(四)国有农用地安全利用策略

1. 建设完善的农用地安全管理体系

为了实现对农用地土壤污染的有效治理,建设完善的农用地安全管理体系至关重要,开展该项工作的过程中应当以土壤环境质量监测环保部门设置的控制点位为基础,积极完善风险点位的布设。在建设该体系的过程中,相关部门首先应当加强对该项工作的重视程度,进而通过增加投资来提升土壤环境监测能力,保证土壤监测工作落到实处。在对农用地土壤安全体系进行建设的过程中,相关工作人员应积极建立健全相应的监测制度,保证安全管理工作精细化、动态化开展,从而有效提升农用地土壤安全管理体系的应用水平。除此之外,相关工作人员在应用该体系开展安全管理工作的过程中,应当强化监测、管理力度,拓宽监测、管理范围,严格对相关区域的农用地污染问题进行监管,对污染严重的区域展开进一步调查,探究土壤污染源头,保证农用地土壤安全管理工作得到高效开展,充分提高安全管理质量。

2. 加强对土壤污染防治技术的研究

先进土壤污染防治技术的应用对于提升土壤污染治理效率有着非常积极的促进作用,所以在开展农用地土壤污染治理工作的过程中应当进一步加强对土壤污染防治技术的研究,提升相关防治技术的应用水平。该项防治技术研究工作需要环保、农业、科技、国土等部门统一协调,共同开展。相关部门应当对高校、科研机构以及相关企业的科研资源进行整合,建设相应的土壤污染防治技术研究小组,共同开展农用地土壤防治工作。相关部门应积极对农用地土壤污染监测技术、污染源解析技术、污染物转化技术以及土壤与污染物的相关性进行研究,进而实现对相关技术的开发与应用,从而促进农用地土壤污染防治工作高效开展,进一步提升土壤污染的治理水平。

3. 强化对重点污染区域和主要污染物的管控

在开展农用地土壤污染防治工作的过程中,相关工作人员应当强化对重点污染区域以及主要污染物的有效管控,进而有效提升工作质量。在开展管控工作的过程中,应以土壤污染详查结果为依据,针对重点污染区域有效开展污染成因调查工作,并根据调查结果以及相关数据制定有效的农用地土壤污染管控以及防治方案。此外,因为重金属是造成农用地土壤污染的主要污染物之一,所以开展管控工作的过程中,应当提高对重金属方面的重视程度。例如,相关工作人员可以将有色金属矿开采行业、有色金属冶炼行业以及镍镉电池制造行业作为重点关注对象,对农用地污染的镉污染风险以及铅污染风险进行有效管控,以金矿开采、黄金冶炼等行业为重点,对农用地土壤汞污染风险进行有效管控。对相关农用地土壤污染问题进行有针对性地重点管控,能够有效提升农用地土壤污染防治及管控水平,进一步促进农用地的安全合理应用。

4. 提高农用地的利用程度

农用地土壤污染问题影响农用地的安全合理利用,而农用地闲置问题是农用地利用不合理的表现之一。因此,针对该方面问题相关部门应当积极有效地进行解决。针对农用地闲置问题,政府应当发挥好带头作用、榜样作用,通过向农民借用闲置农用地开展种植工作,让农民充分感受到国家对农业生产工作的扶持,有效调动农民开展农业生产工作的积极性。在农民开展农业生产工作之后,政府应当进一步加大对农业生产的补贴力度,帮助农民创造更高的经济效益,激发农民对农业生产的热情。对于愿意开展规模化、机械化农业种植工作的农民，政府不仅要加大补贴力度，还应当额外予以一定的政策扶持，针对化肥、农药、农机等提供培训以及相关技术服务，从而保证农民感受到机械化农业生产的高效性，进一步提升农产品的质量以及产量。除此之外，在开展农业生产帮扶工作的过程中，相关工作人员应当对当地的地理环境以及气候条件进行研究，并结合农民过往种植经验，对农业生产技术进行优化，提升农业生产水平。在以上内容得到有效落实之后，农民的生产积极性将大大提高，农用地也将得到安全合理的应用。

5. 节约利用农业用地

在开展农业生产工作的过程中应当防止对农用地资源的过分利用，政府应当对农用地进行规范，针对生产水平较差的农用地，相关部门应当做好还林还草工作，充分发挥相关土地的利用价值。对于农用地，相关人员也应当提高对农用地养护工作的重视程度，严禁过分透支土地的种植潜力，保证农用地合理、有效地利用。

6. 规范土地交易市场

对土地交易市场进行规范也是促进农用地安全合理利用的有效方式，在土地流转的过程中应当遵从互惠互利的原则开展租借、转让工作。该项工作的高效开展可以充分防止土地闲置情况的发生，进一步发挥出农用地的效益。在进行农用地流转交易工作的过程中，相关部门应当依据《土地承包法》等相关法律法规对该项工作进行有效约束，保证相关规定可以得到有效落实。除此之外，在进行土地交易的过程中政府相关部门应当进一步加强监督力度，防止以权谋私等不良行为的产生，严防农用地交易之后改变用途。在此过程中应当加强对农民的宣传教育，强化农民的土地交易观念，使其懂得土地具有集体所有的性质，进一步提高土地交易的合理性，为农用地安全合理利用提供充足保障。

综上所述，农用地的安全合理应用对于我国农业的高效可持续发展具有非常重要的实际意义。但是当前影响我国农用地安全合理利用的因素非常多,所以相关政府部门应当加强对农用地的安全管理,针对农用地土壤污染问题采取有效的管控与防治措施,针对农用地闲置问题加大补贴力度,做好土地交易工作,从而促进农用地的安全合理利用。

六、国有农场土地承包经营风险及防范

(一)国有农场概述

国有农场通常指的是国营农场,属于国家投资打造的一种农业经济组织,其本质上属于社会主义全民所有制的一种农业企业。大多数国有农场均会采用相对先进的装备以及生产技术,遵循"一业为主"以及"多种经营"的方针政策,因地制宜推动当地农、林、牧、副、渔等全面发展,一般均为农工商综合经营。

现阶段,我国的国有农场主要承担的工作任务为:持续扩大耕地面积,有效地为国家提供充足的商品粮食以及其他一系列商品农副产品,打造内外贸商品生产基地;不断积累经验,科学培育人才,在农业持续向着专业化、商品化以及现代化发展过程中充分发挥良好的示范作用;支持和帮助当地农民大力发展商品生产,逐渐发展为当地农村先进技术、良种推广、农产品产运销为一体的优质服务中心。除此之外,对于边疆省区的一系列国有农场而言,其还承担着屯垦戍边以及帮助当地少数民族发展经济和文化的重要职责与使命。

1. 国有农场的性质和特征

国有农场的发展具有一定的特殊性,虽然不是企业单位,但对相关要素进行分析,可以发现其具有相应的特征,但又存在一定的区别。农场是国有独资企业,属于行政区域,不仅涵盖农业,还包括商业和工业。自改革开放以来,国有农场不断改革,在全国范围内,各个垦区根据自身实际情况革新经营体制。除一些小规模农场之外,大多数农场都在往企业化方向改革。国有农场的性质属于农业企业,因此朝企业化方向改革无可厚非。

国有农场还具有一些不同于企业的特征。首先,在生产经营内容上,国有农场涉及的内容比较广泛,既有农业生产的特点,又与工业和经济的发展紧密联系。随着科技的发展,各种现代化技术的运用为其带来了新的发展契机。其次,农场的经济效益不稳定。农业生产需要一定的时间,并且各种自然条件具有不可控性,具有较大的经营风险,难以确定具体的经济效益。最后,受到产业特征的影响,农场很多产品比较相似。很多垦区的农场种植相同的蔬菜或作物,并且存在多个养殖企业和水产企业。这就导致一些农场为了追求更高的经济效益,展开恶性竞争,严重影响了国有农场的长远发展。

2. 国有农场的作用

首先,国有农场保障了农产品的社会供给。农场作为农产品基地,能为城镇居民提供大量的农副产品,并且能够繁育种子,满足农业生产的需求。同时,农场也具有社会管理职能,在生产经营的过程中,能够促进社会经济效益提升。

其次,国有农场在积极开展各项农业活动的过程中,不断优化经济结构,不仅促进了自身的发展,还带动了相关产业的发展,尤其是工业。在这种背景下,农场不仅能够促进经济发展,还为农村提供了更多的就业机会。很多农场利用自身的产业优势积极进行产业化经营,培育出大量具有竞争力的企业,促进了企业发展。同时,农场发展绿色生态农业的时间较长,已经形成了完善的体系,基本实现了农产品的无害化。

最后,推广国有农场的科技成果,能够实现良好的转化。相对来说,国有农场的科技水平较高,在农业生产领域具有重要地位,转化其各种农业科技成果能够带动相关农业领域发展。

(二)国有农场土地承包经营风险及其原因

对国有农场而言,土地经营关系对其经济发展有直接的影响,做好国有农场的土地经营管理工作,不仅能够实现农工增收,也有利于构建和谐社会。但在实际开展工作的过程中,还存在一些风险问题,需要根据国家相关政策文件,进一步优化完善,确保国有农场土地承包经营管理的有效性。

1. 国有农场土地承包存在的经营风险

第一,土地承包合同缺乏规范性。在国有农场土地承包中,很多合同不够规范,没有明确相应费用,如履约保证金费用和农业保险费用等,并且涉及的收费额度、基本田以及收费标准等信息不够清晰,很容易出现纠纷,不利于农场的经营管理。因此,需要增强国有农场土地承包合同的规范性。

第二,土地等级与收费标准存在差异。一些农场在进行土地发包时,只是将相应收费指标下发出去,没有直接面对农户,而是由管理区负责相关工作,划分土地等级,在此基础上收取相应费用。在这种情况下,很容易出现收费不合理的现象。另外,很多管理区之间存在土地等级划分和收费标准的差异,带来了很多潜在风险。

第三,土地承包费用管理不够清晰。在核算承包费时,部分农场采用综合户的方式,即在总体收费指标的基础上结合土地面积核算总账。这就导致一些管理区为了完成指标,针对一些没有缴纳承包费的农户,让其他农户多交承包费来抵扣。长此以往,问题不断积累,直到相关负责人调离,导致矛盾一次性爆发。另外,还存在一些管理人员挪用承包费的情况。

第四,频繁出现土地承包权纠纷。由于相关法律法规的缺失以及市场环境变化的影响,在农场土地承包的过程中,土地承包权纠纷比较常见。随着地价的升值以及人地矛盾的愈加突出,各种之前被忽略的地块受到重视。一些农户想要重新签订发包合同,希望按户平均分配。同时,在一些农户经营管理过程中,部分农场想要收回承包地,或者想要调整承包地,与国家政策相背离。在土地延包后,很多新增人口不能得到承包地,这也会引发相应纠纷。另外,征用土地后,不能及时兑现相应的土地补偿费,并且在实际分配的过程中,缺乏统一的标准,导致一些农户得不到应有的补偿,进而出现上访等现象。

第五,土地流转不合理。在土地承包经营权流转过程中,农场之间的差异导致流转不够合理。比较常见的是自由流转现象。很多农户在没有上报农场的情况下,私自转包土地,并且流转合同缺乏规范性,甚至存在口头协议的现象,导致未到口头约定时间,就出现索要土地等情况。另外,土地流转市场管理缺乏有效性。由于没有签订书面流转合同,土地被征用时或者出现相应变化时,不能合理解决土地承包问题。即使签订了书面合同,也会存在纠纷问题,这主要是因为相关合同条款不够严密,在转让方提出相应要求时,受让方不同意,双方就会产生争议。

2. 国有农场土地承包存在经营风险的原因

随着一系列惠农政策的发布,出现了土地升值的现象,充分激发了农场职工的承包热情,很多人员要求拥有土地承包权,进而形成新一轮"土地热",导致土地流转纠纷增加。虽然相关部门出台了土地承包政策,但部分农场未有效落实该政策,严重影响了土地承包关系的稳定性。针对农户提出的权利要求,农场如果不能及时处理,也会导致纠纷更加严重。这些问题在农业收益较低时并不是很明显,而在效益提升的同时,这些问题也会显现出来。

另外,在处理农场土地承包管理问题时,目前主要的法律依据为《农村土地承包法》,而该法中相应的纠纷解决条款不够完善,协商、诉讼等纠纷解决渠道的不够完善使农户的问题最终难以得到妥善处理,导致农户不断上访,甚至出现群体上访的情况,使矛盾进一步激化。

(三)国有农场土地承包经营风险的防范措施

为了防范上述风险,各管理区应积极履行自身职责,严格落实承包方案,加强审核。在划分土地等级时,应由各级管理成员共同商讨,并且为了保障公平,应提前公开。对管理区相应设施的完善以及各种卫生费用和维护费用,应包含在预算管理费用内,不能另外收取费用。同时,应重视合同管理的规范性,确保合同制式的统一性,并且必须由本人签字,杜绝代签和强迫签字的现象。具体而言：

1. 增强土地承包合同的规范性

签订合同时，发包方必须是农场的法定代表人，承包方必须是具有主体资格的农户，杜绝不具有主体资格的人员代签承包合同，以免由于合同主体不合法，给双方带来额外的经济损失。因此，必须加强对合同的检查。针对另外追加的补充条款，应经过双方的协商，确保意见一致后，其才能生效。合同应在双方各执一份的基础上，上交一份给公证处。必须出具公证书，这样一旦其中一方违约，就可以不经诉讼程序，由法院直接执行。

随着科技的发展，信息技术在各个行业中得到了应用，将其应用到农场管理中，可以实现对合同的信息化管理，以免出现合同损坏或丢失的情况。

2. 保障土地等级与收费标准的统一性

为了增强土地承包收费的科学性和合理性，应完善相应的收费管理制度并确保制度的有效落实。要定期收取土地承包费用，严格按照土地发包方案的标准收取费用，确保收费标准的统一性。同时，必须保障收费标准与土地等级的统一性，不能随意提高或者降低标准。相关基层管理人员不能私自收取承包费用，应统一上交至相应账户，出具发票，在保障资金安全的同时，确保其能按时上缴。

3. 实现土地承包费用公开管理

收取土地承包费用时，应将其公布出去，以接受社会监督，避免出现各种不良现象。各类惠农补贴项目和数额等信息，也应在相应公开场所张贴出来，同时做好相应的解释工作，便于农户了解相关政策信息。各个农场还要积极做好宣传工作，通过网络平台和当地广播等渠道进行公示，确保相关农户能够充分了解。

4. 增强土地流转的合理性

为了保障土地承包流转的合理性，应建立完善的经营制度，发展适度规模经营。根据土地承包纠纷的实际情况,结合农户的需求,建立更加科学合理的仲裁体系。在实际土地流转过程中,应规范其流程,先进行有效的流转洽谈,在双方都满意的情况下,才能签订合同,最后备案登记。

同时,对流转双方来说,为了保障自身权益,必须签订书面合同,采用统一的合同格式,其中不仅要涉及地号、面积和流转期限,还要涵盖违约责任等各种信息。这样,一旦出现纠纷问题,就能确保有章可循,有效处理纠纷问题。另外,还要加强流转档案管理,按照相关部门的要求,及时汇总整理相关资料。同时,要加强对土地流转过程的监管,一旦发现存在不合理的流转行为,就要在第一时间纠正。

(四)国有农场土地使用管理对策

1. 合理看待经济发展和耕地保护

在农村经济发展过程中,必须合理看待其与耕地保护之间的关系,实现统筹开发建设。积极发展现代农业,以提高耕地效益。农场要充分发挥自身优势,不断应用新设备和新科技,提高耕地的产出效益。同时,不断提高耕地质量。基于农田建设工程,综合整治耕地,促进农业集约化水平不断提升。

2. 加强节约用地监管

应用土地监管系统,将农场土地的相关信息进行网上备案,并将相应信息公开。同时,建立完善的土地利用动态监测系统,通过利用现代化技术,如遥感技术和信息技术等,及时掌握土地的实际情况,更新相关变化信息,监测土地的利用情况。另外,农场必须建立完善的工作机制,加强与相关部门的配合,增强土地监察工作的实效性。

第六章　国有农用地收回补偿机制

第一节　国有农用地适用收回补偿机制的正当性

国有农用地使用权的收回是指根据国家经济建设或公益性建设的需要，通过法定程序和合理补偿，提前终止国有农用地的使用。

一、收回国有农用地的事由

《土地管理法》第58条第1款明确指出，为了满足公共利益的需求，国家有权收回国有土地使用权。此规定体现了国家对土地资源的集中管理和合理配置，确保土地资源的有效利用和公共利益的实现。然而，收回土地使用权的过程必须依法进行，并给予土地使用权人适当的补偿。

在解读《土地管理法》第58条时，需要注意两个关键点。首先，该条第1款规定是基于公共利益的需要，由有关政府部门批准，可以收回国有土地使用权。这里的“公共利益”是一个宽泛的概念，涵盖了国家安全、基础设施建设、环境保护等多个方面。其次，该条第2款规定在依法收回国有土地使用权的情况下，应当对土地使用权人给予适当补偿。这意味着在收回土地使用权的过程中，必须充分考虑到土地使用权人的合法权益，通过合理的补偿机制来平衡各方的利益。

值得注意的是,《土地管理法》第 2 条第 4 款仅适用于依法征收或征用土地,而收回国有农用地使用权并不属于该款适用的情形。这一规定突出了农用地使用权的特殊性质,强调了在处理农用地问题时需要采取不同于城市土地的策略。在实践中,对于实行承包经营的国有农用地,可以参照适用《民法典》物权编的有关规定;而对于非实行承包经营的国有农用地,则需要进一步规范和完善相关法律法规,以确保土地资源的合理利用和农民的合法权益。此外,《民法典》第 327 条和第 328 条虽然涉及动产和不动产征收与征用情况下的补偿,但不适用于国有农用地收回的情形。这进一步强调了农用地使用权的特殊性,以及在制定相关法律法规时需要充分考虑农用地的实际情况。

综上所述,根据《土地管理法》第 58 条的规定,基于公共利益的需要,国家可以收回国有土地使用权;收回土地使用权必须依法进行,并给予土地使用权人适当的补偿。同时,对于不同类型的土地,如农用地和城市用地,需要采取不同的策略和法律法规来规范与管理。在实践中,需要进一步完善相关法律法规,确保土地资源的合理利用和各方的合法权益。

二、收回国有农用地使用权补偿制度

关于实行承包经营的国有农用地相关法律问题,可参照《民法典》物权编的相关规定进行处理。关于收回此类土地的补偿问题,同样有法可依。对于非实行承包经营的国有农用地,虽然当前相关法律未作出明确规定,但相关规定仍可从政府规章中找到。

(一)《国务院办公厅转发国土资源部、农业部关于依法保护国有农场土地合法权益意见的通知》的有关规定

该意见的出台,旨在加强对国有农场土地资源的保护,确保其合法权益不受侵犯。该意见明确规定,任何单位或个人确需占用农场土地搞建设的,都必须依法办理审批手续,并依法给予补偿和安置。

首先,办理审批手续是确保建设活动合法性的必要条件。在占用农

场土地之前,相关单位或个人必须向有关部门提交申请,并提供相关证明材料。经过严格的审核和评估,只有符合国家土地利用规划和农场发展规划的项目才能获得批准。这一规定有利于防止非法占地和乱搭乱建现象的发生,从而维护了农场土地的合理利用和有序开发。

其次,依法给予补偿和安置是保障农场职工与土地权利人合法权益的重要措施。在占用农场土地的过程中,不可避免地会给土地权利人带来一定的经济损失。因此,必须根据国家相关法律法规的规定,对土地权利人进行合理的补偿,包括但不限于土地补偿、安置补助、青苗补偿等费用。此外,对于因占用土地而受到影响的生产和生活,还应当进行妥善的安置,确保他们的基本生活需求得到满足。

最后,该意见还强调了对国有农场土地资源的长期保护。国有农场是我国重要的农业生产和粮食生产基地,其土地资源的可持续利用对于保障国家粮食安全和维护生态平衡具有重要意义。因此,在占用农场土地时,必须充分考虑其对农业生产、生态环境等方面的影响,严格控制用地规模和开发强度,确保土地资源的永续利用。

总之,该意见的实施,对于保护国有农场土地资源、规范用地行为、促进农业可持续发展等方面都具有积极的意义。只有依法办事、合理补偿、科学规划,才能确保农场土地资源的长期稳定利用,为我国的农业现代化建设奠定坚实的基础。

(二)《国土资源部、农业部关于加强国有农场土地使用管理的意见》的有关规定

该意见作为一项重要的政策文件,对国有农场土地使用管理提出了明确的要求和规范,强调了国家经济建设或地方公益性建设需要收回国有农场农用地的情况,并规定了相应的处理措施。

首先,对于因国家经济建设或地方公益性建设需要收回国有农场农用地的行为,必须依法办理农用地转用审批手续。这一规定强调了依法用地的原则,确保了土地使用的合法性和规范性。农用地转用审批手续

的办理可以有效地控制土地的用途,防止非法占用和滥用土地的行为。

其次,对于收回的国有农场农用地,需要参照征收农民集体土地的补偿标准进行补偿。这一规定体现了公平合理的原则,保障了国有农场和农民的合法权益。具体的补偿内容包括土地补偿费、安置补助费、地上附着物和青苗补偿费等。这些费用分别给予土地所有者、被征地农民、地上附着物和青苗的所有者,确保了各方利益的均衡。

最后,除了物质补偿,政府还关注被征地农民的社会保障问题。通过安排相应的社会保障费用,可以为被征地农民提供更好的生活保障,帮助他们顺利地融入新的生活环境。

综上所述,该意见为国有农场土地使用管理提供了明确的指导和规范。通过依法办理农用地转用审批手续、参照征收农民集体土地的补偿标准进行补偿以及安排相应的社会保障费用等措施,可以有效地保障国有农场和农民的合法权益,促进土地的合理利用和可持续发展。实践中各地区应根据实际情况进一步细化和完善相关规定,以确保国有农场土地使用管理的科学性和有效性。

(三)《国土资源部办公厅、农业部办公厅关于收回国有农场农用地有关补偿问题的复函》的有关规定

该复函的解释精神,要求在收回国有农场农用地时,应当遵循公平、合理、充分补偿的原则。这一原则的贯彻,不仅涉及土地资源的重新配置,更关乎失地农场职工的切身利益。

首先,明确收回国有农场农用地的补偿内容和目的。根据该复函的解释,补偿费用主要包括土地补偿费、安置补助费、青苗和地上附着物补偿费。这些费用是为了弥补失地农场职工的损失,保障他们的基本生活权益。同时,各地区的具体补偿费用标准可由地方自行规定,但必须确保失地农场职工的生活水平不降低。

其次,对于不同情况下的安置或补偿问题应有所区分。该复函明确指出,国有农场土地归国家所有,但农场享有土地的长期使用权,因此土

地补偿费应给予国有农场。对于长期承包国有农场农用地,并将其作为主要生活来源的农场职工,如果失地后选择自谋职业并与农场解除劳动关系,他们可以获得安置补助费;但如果由国有农场重新安排就业岗位,安置补助费则应给予国有农场。至于青苗和地上附着物的补偿费,则应按照“谁投入、谁获得”的原则进行补偿。

最后,应充分考虑农场职工的实际情况,制定合理的补偿方案。对于那些长期依赖土地生活的职工,要确保他们失地后能够获得足够的补偿,以保障他们的基本生活。同时,对于国有农场的运营和发展也应给予充分的关注与支持,以促进农业生产的可持续发展。

总之,该复函的解释精神为我们提供了明确的指导原则。在收回国有农场农用地的过程中,必须充分考虑各方面的利益诉求,制定公平、合理、有效的补偿方案。这不仅有助于维护社会稳定,也有利于促进农业的可持续发展。

(四)《国土资源部、农业部关于加强国有农场土地使用管理的意见》的有关规定

该意见是一项重要的政策文件,旨在规范国有农场土地使用管理,保障失地职工的基本权益。该意见规定,如果国有农场因土地被收回而无法为失地职工提供基本安置条件,那么这些职工应该被纳入当地的城镇职工再就业体系。这样做可以有效地帮助失地职工重新获得稳定的工作和收入,从而保障他们的基本生活需求。

国有农场在具备安置条件的情况下,应该在给失地职工安排新的劳动岗位后,将土地补偿费和安置补助费用于农场基本农田的建设保护与补充社会保障资金。这样做可以促进农场的可持续发展,同时也可以为失地职工提供更好的就业和生活保障。

在实践中,加强国有农场土地使用管理需要多方面的努力。首先,政府应该加大对国有农场的支持力度,提高其经济实力和社会责任感。其次,农场应该积极探索多种形式的安置方式,为失地职工提供更多的就业

机会和选择。最后,社会保障部门也应该加强对失地职工的保障力度,确保他们能够获得足够的保障和支持。

总之,该意见的实施,需要政府、农场和社会各方面的共同努力。只有这样,才能真正实现国有农场土地的合理利用和失地职工的基本权益保障。[1]

第二节 国有农用地收回补偿标准

一、国有农用地收回补偿标准存在的问题

2019 年《土地管理法》第 58 条第 2 款明确规定,政府依法收回国有农用地时,必须对土地使用权人进行合理补偿。然而,此规定在实际操作中引发了两个主要问题。首先,补偿标准尚未建立完善的核定体系,导致实际操作中存在模糊性。其次,收回国有农用地的利益相关者不仅限于土地使用权人,涉及更广泛的利害关系人。这导致在补偿过程中,补偿主体不明确、补偿款的分配方式不公平、社会保障的安置方案不合理等问题频发。因此,在国有农用地收回过程中,需要进一步明确补偿标准,并建立公平合理的分配机制和安置方案。

(一)国有农用地收回的补偿主体不够明确

在国有农用地的收回过程中,除土地使用权人之外,还涉及因承包或承租而获得权益的其他利害关系人。在实际情况中,许多国有农场选择与农场职工签订承包或租赁合同。在这一特殊的经营结构中,农垦国有农用地使用权起着国家与农场职工之间的桥梁作用。通过合同取得土地的农场职工所享有的权利是基于使用权的债权。在这种模式中,农场职工在社保关系上与农场保持关联,但在其他方面则自主经营;虽然经营方式与农村集体土地的承包经营有相似之处,但具体的权利结构存在显著

---

〔1〕 兰敬等:《收回国有农用地补偿制度研究》,载《法制与经济》2017 年第 12 期。

差异。这导致在回收使用权的过程中,补偿主体的争议频繁发生,从而引发了农场职工与国有农场之间关于补偿款或安置补助费分配的诉讼案件。[1]

在双层经营架构下,国有农用地使用权人作为中介方加入承租人与国家之间的法律关系中。然而,地方政府在收回国有农用地时,以合同的债权和国有农用地的物权属于两个独立的法律关系为由,提出将承租人排除在收回这一行政行为的利害关系人范围之外的观点。这一行为引起了关于法律关系和权利义务的深入讨论与关注。

以郭某华诉广东省广州市南沙区人民政府收回土地行政纠纷案为例,作为承租方的起诉人与出租方和垦区的管理方签署了《协助就业土地租赁合同》。在2015—2020年期间,根据该合同规定,承租方享有对农垦国有土地进行租赁经营的权利。合同中明确,如遇国家征地或建设项目需收回国有农用地的情况,出租方将提前通知承租方,并按照国家规定给予青苗和地上附着物的补偿,承租方需无条件服从出租方的需求。2017年,广州市国土资源和规划委员会发布《关于广州市南沙区2016年度第十五批次城镇建设用地的批复》(穗国土规划函〔2017〕887号),批准南沙区人民政府将万顷沙镇8.4909公顷的国有农用地转为建设用地。为确保补偿工作的顺利进行,作为补偿单位的广州南沙开发区土地开发中心与作为交地单位的广州市南沙区万顷沙镇人民政府签署了《万顷沙镇安置区项目青苗和地上附着物补偿合同》。双方在合同中详细约定了青苗和地上附着物的补偿费用。起诉人后针对土地收回行为提起请求确认行政行为违法和要求安置补助等费用的行政诉讼,根据一审法院的审理,双方已经签订了补偿安置的合同协议,法院认定起诉人作为承租人与被诉行政行为没有直接利益关系。因此,一审裁定起诉人不具备行政诉讼原告的主体资格,不予立案。

---

〔1〕 兰敬等:《收回国有农用地补偿制度研究》,载《法制与经济》2017年第12期。

（二）补偿款的分配方式不够公平

在土地收回过程中，货币补偿是最主要的补偿方式，而土地补偿款又是货币安置的核心费用。根据2009年《国土资源部办公厅、农业部办公厅关于收回国有农场农用地有关补偿问题的复函》（国土资发函〔2009〕850号），各地需要明确土地补偿费用的标准。然而，当前各地对于国有农用地补偿款的具体规定相对较少，这不利于保障收回过程中涉及的其他单位和个人的利益。签订经营合同的一方通常可以通过合同条款的方式约定在收回土地时获得的土地补偿费份额，但非承包经营模式的职工只能获得地上附着物和青苗补偿费。由于当前土地收回时补偿款项分配存在不合理的情况，尤其是农场职工与农村农民所获的失地补偿数额存在较大差异，使得围绕补偿款的纠纷频繁发生。因此，应进一步规范和完善相关补偿规定，以确保各方利益的均衡和社会的和谐稳定。

以陈某华、王某菊诉贵州省贵阳市观山湖区人民政府土地行政案为例，陈某华之父于20世纪70年代末在贵阳市阳关饲养场承包土地，为饲养场提供饲料并支付土地使用费。2007年，贵阳市政府将饲养场的国有农用地转为建设用地，并达成补偿协议，针对陈某华的自建房、地上附着物和青苗进行补偿。陈某华认为应按农场征地标准补偿，故提起诉讼。王某菊在申请再审时，举出贵阳市花溪区奶牛场和乌当区奶牛场农户的例子，强调这些农户在承包地转为建设用地时获得土地征收补偿费。她认为该案与前述土地行政行为性质相似，观山湖区政府未履行职责。此外，还有其他数十人基于类似原因起诉观山湖区政府。由此可见，收回国有农用地时补偿款分配不一致，导致失地人员不满情绪滋生。

（三）社会保障的安置方案不够合理

国有农场中，负责经营农垦国有土地的务农人员主要分为三大类：职工、持有农场户籍的非职工以及无农场户籍的非职工。农场需承担职工的社会保险缴纳责任。然而，随着社会保险费用的不断上涨，其远超农业收入的增速，部分农场出于运营考虑，长时间未招聘新职工。非职工对职工身份的持续争取，已成为国有农场的历史遗留问题。例如，王某菊主张陈某华自父辈起在饲养场承包土地已逾 30 年且已落户，应被视为无固定期限的合同工人，在补偿协议基础上应享受正式职工的安置待遇。当国有农用地被收回时，这部分人员的后续生活保障应受到足够重视。

针对职工，农场在“两田制”下为其提供身份田，但职工需自行承担企业与个人的养老及医疗保险等费用。这在边远贫困地区导致部分支付能力较弱的职工成为“脱保者”。农场职工主要依赖农用地经营，但在缺乏社会保障的情况下，他们接受较低补偿后离开农场，增加了农场的安置压力。据广东省农垦集团统计，2003—2018 年，政府因经济发展和城市建设收回了广东农垦 5.42 万亩土地，导致垦区农场生产和生活的土地减少。垦区在土地被收回后获得的补偿不足，大部分留用地未能落实。特别是公益性项目收回土地后，既未落实留用地，也未获得相应货币补偿，失地职工的安置基本上需农场自行解决。

二、国有农用地收回补偿标准的进一步完善

（一）明确国有农用地收回的范围与主体

根据 2019 年《土地管理法》第 58 条第 1 款的明确规定，存在以下情形时，有关人民政府自然资源主管部门需报经原批准用地的人民政府或具备批准权的人民政府批准，方可收回国有土地使用权：（1）城市规划需要进行旧城区改建或有其他公共利益需求，确需使用土地的，可以收回国有土地使用权。这一情形是出于公共利益的需要，为实施城市规划而进行必要改建。（2）当土地出让等有偿使用合同约定的使用期限届满，且土地使用者未申请续期或申请续期未获批准时，可以收回国有土地使用权。这一情形确保了土地使用的合法性和规范性。（3）因单位撤销、迁移等，停止使用原划拨的国有土地时，可以收回国有土地使用权。这一情形旨在合理利用和保护国有土地资源。（4）公路、铁路、机场、矿场等经核准报废时，可以收回国有土地使用权。这一情形体现了对国有土地的

合理利用和有效管理。

值得注意的是,第一种情形至今含义不明或尚存争议,常被笼统地用作收回国有农用地的理由。为了确保法律的准确实施和国有土地的合理利用,我们应当对这一情形进行深入研究和明确界定。

为了避免地方政府在执行项目时过于追求政绩而出现盲目行为,以及在收回国有农用地方面防止滥用权力,国家层面有必要进一步完善《土地管理法》及其相关规定。其中,对于"公共利益"的明确定义和具体项目事由的类别名称的明确列举至关重要,这将有效遏制某些地方将形式主义的"政绩工程""劳民工程""污染工程"作为收回国有农用地的合法借口。同时,必须明确规定只有县级以上人民政府或其委托的县级相关部门才具备收回农垦国有农用地的合法资格,严禁除县级自然资源、国土、征地拆迁部门以外的其他部门和乡镇政府擅自行使"收回国有土地"的权力。

(二)完善国有农用地收回补偿与安置

1. 完善补偿安置内容

在 2008 年之前,国家对于国有农用地使用权的收回补偿安置并未制定明确的标准,仅在 2004 年《土地管理法》第 58 条第 2 款中规定因公共利益或城市规划需要收回国有土地使用权的,应给予土地使用权人适当补偿。2008 年《国土资源部、农业部关于加强国有农场土地使用管理的意见》明确提出,依法收回国有农场土地使用权时,需按照征收农民集体土地的补偿标准计算经济补偿,并安排相应的社会保障费用。进一步考察地方各级有关具体规定,总结得出:国有土地使用权收回的补偿安置内容主要包括土地补偿费、安置补助费、青苗和地上附着物补偿费以及社会保障费。

然而,在实际操作中,存在国有土地使用权补偿不足的问题。农场的国有农用地被收回后,原先在这片土地上工作的职工们无法继续在此处就业。如果农场拥有可用于调整承包土地的资源,那么可以通过调整土地来解决这些职工的就业问题。但问题在于,自改革开放以来,经过政府的多轮国有农用地收回,大部分农场已经没有多余的土地可供调整。因此,大量被收回土地的职工需要寻找新的岗位。

由于多数农场地处偏远地区第二产业和第三产业的发展相对滞后,且土地规划权并不在农垦手中,农场场部和分场部可用于发展第二产业和第三产业的建设用地十分有限。在这种情况下,一旦被收回土地的职工用完了安置生活费、青苗和地上附着物补偿费,他们便会向农场提出信访诉求,要求农场为他们解决就业和生活出路的问题。然而,面对这种困境,农场往往束手无策。

为解决关乎长远发展的关键问题,2015 年《中共中央、国务院关于进一步推进农垦改革发展的意见》明确规定严禁擅自收回农垦国有土地使用权。若因特殊情况需收回,需经原批准用地的政府批准,并按照相关规定给予补偿,同时要妥善解决职工生产生活困难,依法安排社会保障费用。

2019 年修正的《土地管理法》第 48 条第 1 款和第 2 款也明确了征收土地时应给予公平、合理的补偿,确保被征地农民的生活水平和生计不受影响。对于征收的土地,应依法及时足额支付土地补偿费、安置补助费以及农村村民住宅、其他地上附着物和青苗等的补偿费用,并安排被征地农民的社会保障费用。

由此可见,我们需要科学合理地更新和提高补偿安置标准,确保土地价值与市场水平保持一致。补偿应充分体现农用地社保功能和长期预期收益功能,而安置措施不仅限于有限的货币补偿,还应确保被用地人的稳定就业和收入来源,使其长远生计得到保障。此外,还应按照收回土地面积的一定比例规划落实安置留用地等措施。

例如,广西农垦西江农场在贵港市人民政府的大力支持下,采取了积极主动的态度,提出了规划并落实留置产业发展用地的思路。该思路旨在开发第二、三产业,让原本从事第一产业的被用地人转型为第二、三产业从业人员。经过垦地双方的深入沟通和合作,印发了《贵港市人民政府自治区农垦局关于进一步明确西江农场土地合作开发事项的意见》。该文件明确约定了新收回土地用于工业类或商住类项目的,安置用地按项目总用地面积的5% ~7%划拨给西江农场。农场利用政府规划并帮助完成"变性"和供地发证手续的留置产业发展用地,建造商服商住楼房建筑,开办商服物流项目。这一举措不仅解决了部分被用地人的就业问题,还为他们的长远生计提供了有力保障。实践证明,这一合作模式成效显著,为垦地双方带来了互利共赢的良好局面。

在处理国有农用地收回补偿事宜时,必须首先确保土地补偿费、安置补助费以及青苗补偿费的落实。同时,必须充分考虑国有农用地,尤其是农垦农用地"两田制"中身份田的特殊属性,以及其对职工的社会保障功能。职工享有身份田并不需要缴纳土地租赁费用,这是对他们自行缴纳社保统筹费用的补偿,身份田的经营期通常以职工的退休时间为限。因此,在制定国有农用地收回补偿方案时,必须包括土地补偿费、安置补助费、地面附着物补偿,以及转岗分流职工的社会保障费用。这样的安排既能体现对职工权益的尊重,又能确保收回补偿的公平和合理。

以安徽农垦为例,2019年引江济淮工程寿县段涉及收回寿西湖农场农用地77.64亩。根据安徽省征地补偿标准,安徽农垦积极与省引江济淮工程领导小组办公室协商,争取到了土地补偿费、青苗补偿费以及社保费等补偿。其中,参照寿县征地补偿费标准,共争取到补偿费用321.43万元、青苗补偿费8.54万元。同时,考虑到国有农场的国有农用地附带的身份田特殊属性,征用的土地涉及28名承包土地职工,共涉及15.5名职工的社保费用需要补偿。根据《2018年度社会保险缴费基数有关问题的通知》,在不考虑社保费缴费基数逐年增长情况下,经过充分的协调与沟通,确定了有关社保补偿费用。最终以2018年缴费标准静态计算,以15年期限计算,争取到社保费补偿标准43,947元/亩,共计争取社保费补偿费用总额341.20万元。

2. 完善补偿标准,推动国有农用地等级评定及区片定价

根据2019年《土地管理法》第48条第3款的规定,省、自治区、直辖市应制定并公布区片综合地价,以确定征收农用地的土地补偿费和安置补助费标准。在制定区片综合地价时,必须综合考虑土地的原用途、资源条件、土地产值、区位、供求关系、人口以及经济社会发展水平等多方面因素,并且至少每3年进行一次调整或重新公布。由此可见,区片综合地价是决定土地补偿费和安置补助费标准的关键因素,对国有农用地收回补偿的合理性与否具有重大影响。

关于征地区片综合定价,根据地类、产值、土地区位、农用地等级、人均耕地数量、土地供求关系及当地经济发展水平等多种因素进行划分和测算,其中农用地等级是影响区片综合定价的重要因素。全国耕地共分为15个质量等别,一等耕地质量最佳,十五等最差。为便于管理,全国耕地被划分为优等地、高等地、中等地和低等地。

根据自然资源部门提供的数据,目前农垦国有农用地,特别是耕地的质量等别普遍高于周边农村集体土地。以安徽农垦为例,2019年已实施的6个农场11个项目共计约26,303亩的"旱改水"指标,均属于高等地,部分接近优等地,表明其耕地质量等别普遍较高。因此,为确保此类国有农用地的合理定价,应充分考虑农用地等级在区片定价中的作用。

当前部分省份农垦的国有农用地收回参照集体土地补偿标准,确实不利于国有农用地的保护及耕地占补平衡的落实。为了解决这一问题,应严格执行农用地区片定价原则,维护被征地人的合法权益、同质量同价以及协调平衡。在制定和发布农用地基准地价的过程中,应充分参考土地的行政区位、土地分类、质量等别等属性,并由自然资源部门牵头,农业农村等部门积极配合开展调查。同时,还应依据物价、经济发展水平等因素,定期或不定期更新国有农用地土地等别数据库,及时反映农用地价格变化。这样,在维护农用地权益的同时,也能更好地彰显、区分和维护国有农用地权利人的合法权益。

3. 创新国有农用地收回的补偿安置方式

(1)将单纯货币补偿改革为多元混合补偿

为确保国有农用地的合理回收和补偿安置,需要采取一系列稳妥的措施。短期内大幅提升货币补偿标准和金额并不现实,必须考虑地方财政的实际承受能力,同时避免引发农民的恶性攀比。因此,探索可持续的补偿方式至关重要。这需要我们转变思路,将原本的土地物资产出转化为长期的财产收益权利,确保失地职工的经济利益不受损,甚至有所增长。

为了实现这一目标,可以借鉴广东省的做法,允许被用地人参与政策惠及的建设用地开发。根据《广东省产业用地政策实施工作指引》,可请求政府将被收回使用土地的5% ~7% 协议出让为建设用地,交由被用地职工及家属开发项目。这样不仅能降低政府或企业的收地费用,还能为失地职工及家属提供长期稳定的收入来源。贵港市西江农场公司已经开始实施这种模式,并取得了初步成效。

此外,可以利用土地整治项目来增加职工的收益。根据《乡村振兴战略规划(2018—2022 年)》的政策支持,可以开展土地综合整治项目建设,包括“旱改水”和开垦复垦等项目。这些项目不仅可以通过农用地自身的整治产生效益,还能用于扩大被用地职工的收益。例如,南宁市明阳农场公司和柳州市新兴农场公司都因工业园区建设失去了大量土地,农垦集团计划实施“旱改水”项目,以帮助失地职工及家属在新增耕地上就业,解决混合补偿问题。

为确保多元混合补偿的实施,需要创新垦地政企合作的联动机制。严格来说,国有农用地使用权收回是县级以上人民政府的职能。规划并供应落实“留置产业发展用地”或“安置留用地”、立项验收土地综合整治项目和交易新增耕地指标等任务,更是政府的职责所在。农垦集团和二级企业可以借鉴广东湛江、安徽农垦的经验,每遇收回国有农用地使用权时,可在被用地企业成立由农垦集团、二级企业及其工作部门、职代会、被用地职工及家属代表等多方参加的用地拆迁工作领导小组。同时,收回国有农用地使用权多发的地级市,可与市县人民政府建立垦地合作开发土地的指挥部,达成合作用地协议,明确各方基于用地事项的责权利。以上政府的合作与支持,可以确保合法用地顺利进行。此外,应增强农垦企业干部对土地补偿费和安置费用的正确使用意识,引导其多方挖潜实现补偿款的增值,为多元混合补偿安置职工及家属打下物质基础。

(2)将单纯消费性补偿改革为生产性补偿

在处理被用地、被征拆职工的补偿金问题时,必须持谨慎和长远的眼光。单纯地将现金形式的补偿金用于消费或作为原始农业生产资金,可能导致盲目和短视的使用行为,从而不利于社会的长期稳定。因此,应当有计划、有监管地将补偿金分为两部分。首先,确保补偿金成为失地职工的生活费用和自主创业的启动基金,为其提供一定的经济保障和创业机会。其次,部分补偿金可以作为兴办第二、三产业企业的资金,推动产业结构的优化和升级。这样的安排既考虑了失地职工的短期需求,也兼顾了社会的长期发展目标,有助于实现长治久安。

根据2019年《广东省产业用地政策实施工作指引》第7条的规定,应采取有效措施如土地补偿费入股或土地入股等方式,妥善解决被征地农民的生产和生活问题。借鉴湖南省汝城县厦蓉高速路征地拆迁的经验,在规划商住新区时,应在统一规划和预留或专拨一定比例的使用面积的基础上,鼓励职工及家属利用补偿费用入股,合作兴建竹木加工厂等生产、生活性项目,创办经济实体,以推动第二、三产业的发展。对于条件较好的城郊职工及家属,还应支持他们依托用地项目兴办更高产值的实业,如洗涤厂、一次性用品分装厂、酒店、员工宿舍等。这不仅能够为职工及家属提供稳定的收入来源,还有利于促进就业。

(3)将一次性支付补偿改革为长远分期补偿

鉴于一次性现金补偿存在诸多弊端,可能导致三五年后职工生活陷入困境,广西农垦部分农场已调整补偿方式,除发放必要的生活费用和自主创业资金外，将大部分资金整合至失地职工补偿款基金。该基金由专业机构存入金融机构进行保值管理，并按月向失地职工发放补偿金，以避免一次性大额资金可能引发的非理性消费。

为确保生产性补偿和长期分期补偿的有效实施，有必要创新资金与基金的管理机制。制定土地补偿费、安置补助费在农垦企业内部的使用分配办法，并创立失地职工补偿款基金管理制度。该制度需经职工大会或代表大会及股东会审议通过，并公示无异议后正式实施。规范农垦企业合理运用补偿费、社会保障费、用地奖励费和其他相关费用，对各项费用的使用进行监督和定期检查。用地补偿款的使用情况、分期补偿情况等均应纳入企务、场务公开范围，防止企业或他人侵占、挪用应属于被用地职工及其家属的资金与基金。

(4)将就业和社会保障纳入议事日程

首先，用地企业应优先录用被征地职工，即实施"退一产、进二产、进三产"的策略。在条件允许的情况下，还需解决被征地职工家属的就业问题。其次，企业应与政府相关部门紧密合作，加大对失地职工及其家属的再就业培训力度，以增强他们的就业技能。再次，在社保方面，应在遵守当地政府政策的前提下，进一步完善和优化农垦被征地职工及其家属的社保办法，包括但不限于住房、医疗、子女上学、困难救助等方面的保障体系。最后，应充分利用国家和自治区的扶贫政策，对于符合扶贫对象和低保条件的职工及其家属，应尽力将其纳入相关政策和资金覆盖范围，确保他们真正受益。

为确保人员的就业和社保权益，国家需对相关体制进行改革并出台相关制度。现行的相关规定仅涉及被征地职工的安置问题，未对职工家属等非职工的安置作出明确规定。然而，非职工的就业安置问题已成为各企业无法回避的现实挑战。国家应深入研究并出台关于国企被征地非职工补偿安置的专项文件，为国有企业提供合法合规的指导原则。

第三节 国有农用地收回补偿流程

一、国有农用地收回补偿流程存在的问题

(一)国有农用地收回程序的适用条件法律规定模糊

关于“公共利益”和“适当补偿”两个关键概念,2019 年《土地管理法》第 58 条并未给出具体的界定和解释,虽然列举了因公共利益需要收回国有土地等情形,但对于“公共利益需要”这一核心概念仍然缺乏明确的界定。针对农用地的收回,尽管 2019 年《土地管理法》第 66 条规定了三种可以收回土地使用权的情形,但其中的“公益事业建设”和“适当补偿”等表述仍然较为抽象。

对于“适当补偿”的问题,尽管相关政策文件对国有农场土地使用权收回的补偿作出了一些补充性的规定,但其他单位和个人使用的国有农用地在使用权被收回时的补偿问题仍缺乏具体的规范。相关规定虽然明确了补偿的构成和分配原则,但随着农场企业化改革和公司化改造的推进,特别是农场统一经营农用地的增多,现有的补偿模式可能会受到挑战。

因此,为了确保法律的严谨性和可操作性,建议对“公共利益需要”“适当补偿”等关键概念进行明确的定义和具体的解释。同时,针对农场企业化改革和公司化改造的趋势,应进一步研究和探讨适应新形势下的补偿模式。[1]

(二)实践中国有农用地收回程序存在瑕疵

以湖南省衡阳市珠晖区东阳渡镇果林场张家村民小组诉衡阳市人民政府土地征收决定案为例,衡阳市人民政府为工业园区的建设需要,于 2006 年先与国有农场签订了征用方案,后于 2012 年与部分村民签订《房

---

〔1〕 兰敬等:《收回国有农用地补偿制度研究》,载《法制与经济》2017 年第 12 期。

屋拆迁补偿及安置合同》约定补偿,又于2015年进行农用地转用和土地征收申报,最终于2017年发布了征地公告。在该案中,虽名为“征收”,但不影响争议地为国有土地,其行为系收回的性质。这一方面体现了实践中收回与征收定性的混乱,另一方面暴露了国有农用地收回时存在的先用后收、边用边收等现象。

(三)国有农用地收回的监督机制有待完善

首先,地方政府在管理国有农用地方面存在一定的水平差异。在收回土地报批的过程中,一些必备材料如权源资料、供地手续以及原土地使用权人的知情、确认证明等,在管理上尚未达到规范的要求,这在一定程度上阻碍了有效的监督。

其次,必须正视一些实际操作中的问题。在某些情况下,地方政府只关心农场的土地和资源,而忽视了农场人员或债务的处理,这无疑损害了农场和务农人员的利益。此外,经济开发过程中政府优先征用农垦国有土地的问题也时有发生,这无疑加剧了国有资产的流失。

综上所述,地方政府必须正视并解决这些问题,以实现国有农用地更规范、更公正的管理。

二、国有农用地收回补偿流程的进一步完善

过去,实践中的收回国有农用地使用权工作尚未建立统一规范的程序,部分地方政府在处理收回国有农用地的过程中,采取了一种不够透明的方式。例如,以某个项目为依托,在农场并不知情的情况下,将相关地块从“农用地”转为“建设用地”。随后,以政府的名义发布“收回国有土地使用权公告”,要求农场在规定期限内到当地自然资源部门办理权属和补偿登记手续;逾期不办理的,将被视为放弃权属和补偿。这种操作方式给农场带来了巨大的压力,使其在决策过程中缺乏话语权,只能被迫接受这一安排。

为了改变这一现状,国家有必要制定一套明确的收回程序,即“两公

告、一登记、一协议”。此外，需要进一步细化《国土资源部、农业部关于加强国有农场土地使用管理的意见》（国土资发〔2008〕202 号）的相关条款。具体而言，在拟收回国有农场土地使用权之前，政府必须以“预公告”的形式告知农场和涉及的职工拟收回土地的用途、位置、面积、补偿标准和安置途径。同时，政府需要对拟收回土地的现状进行调查，调查结果需经农场和涉及的职工确认并完成权属登记。对于非职工的安置问题，政府需要得到农场的认可，并将这些信息作为收回土地报批的必要材料。一旦调查结果得到确认且非职工安置措施得到认可，政府应发布关于收回国有土地使用权补偿安置方案的公告。公告后若无异议，政府或其收地主管部门应与农垦单位签订《收回国有土地补偿安置协议》；若有异议，需召开听证会解决问题后再签订协议。在此需要强调的是，收回国有土地的政府管理部门只能与作为土地使用权人的农垦单位签订此协议，不得与承包承租人或所在乡镇政府签订此协议。

三、国有农用地使用权有偿收回工作

在各类重点工程、公益事业建设等工程用地需求的推动下，各地区需依法回收国有农场中的国有农用地使用权。由于这些国有农用地的使用权、经营权已被确权给农民或土地资产经营公司、国有农场，因此农民在失去土地使用权或承包经营权后，极易面临失去生活来源的风险。为此，为失地农民提供合理的后续补偿安置措施，成为顺利实施国有农用地使用权收回工作的关键环节。

（一）当前国有农用地使用权有偿收回工作存在的问题

1. 补偿方式不够合理

根据《土地管理法》和《国土资源部、农业部关于加强国有农场土地使用管理的意见》等相关法律法规的规定，在满足法定条件的情况下，国家有权在给予农民相应补偿的基础上，收回包括国有农用地在内的各类国有土地使用权。然而，我们必须注意到，收回国有农场土地使用权可能导致农民的生存压力显著增加。尽管国家提供了多种补偿安置方式,但由于各种因素的制约,这些方式可能存在不足之处。因此,即使农民能够获得一定的补偿,他们在土地使用权被收回后仍可能面临利益受损的风险。对于纯粹的国有农场农业户口农民来说,由于其身份属性与农业户口职工存在差异,他们通常只能选择货币安置方式。这种方式下,国家会给予一定的补偿金,并在土地征收完成后终止与农场的关系。如果这些农民缺乏从事农业生产以外的其他技能,他们可能会陷入失去谋生手段的困境。因此,在收回国有农场土地使用权时,我们必须充分考虑农民的利益和生计问题,采取切实有效的措施来保障他们的权益。

2. 经营方式未加区分

根据《国土资源部、农业部关于加强国有农场土地使用管理的意见》的明文规定,在收回国有农场的国有农用地使用权时,必须参照农民集体土地征收补偿标准,对失去土地的农场职工进行合理补偿。这一规定旨在最大限度地保障农场失地职工的权益。然而,当前国有农场并未全面实施承包经营制度,部分国有农场的国有农用地并未完全交由农民承包经营。因此,在不区分农场经营方式的情况下,若简单按照农民集体土地征收补偿标准开展国有农用地使用权的有偿收回工作,将使未实施承包经营的农场在安全补偿费用方面面临困难。这不仅可能损害国有农场职工的利益,还可能引发农场与职工之间的矛盾和纠纷。

3. 协调机制有所缺失

国家在收回国有农用地使用权时,应始终坚持以人民为中心的发展思想,确保农场失地农民的合法权益得到充分保障。虽然收回土地是为了满足国家重点工程、公益事业等各类建设工程的土地需求,但这并不意味着可以忽视农民的利益。因此,在收回国有农用地使用权的同时,必须建立完善的补偿安置机制,充分尊重农场失地农民的自主意愿,确保补偿能够真正解决他们的后顾之忧。只有这样,才能真正实现国家经济的发展与农民生活水平的提高,构建和谐社会。

(二)完善国有农用地使用权有偿收回工作的措施

1.调整补偿安置规定

为保障国有农场失地农民的合法权益,避免收回国有农用地使用权导致其生活受到严重影响,在处理国有农场土地使用权有偿收回工作时,必须对失地农民的补偿安置政策进行调整。在补偿安置方式上,不仅要确保农场农业户口职工的利益得到维护,同时也要为纯粹的农村户口农民提供更多选择,以便他们在失去土地使用权后能迅速参与其他生产活动并实现再就业。在补偿安置标准方面,应坚持加大对国有农场失地农民的补偿力度,通过多种补偿安置方式的结合,为失地农民提供全面的帮扶,以最大限度地保持其原有的生产、生活水平。

2.推动有关立法工作

在国有农场尚未全面实施土地承包经营的环境下,有关行政部门亟须对现行国有农用地使用权回收补偿条例进行修订。为区分不同经营模式的国有农场,应启动相关立法程序,明确农场职工(农民)的补偿标准,为各类经营方式的国有农场提供失地农民补偿安置工作的依据。若国有农场采纳了承包经营方式,由于其农用地使用权与农村土地承包经营权较为相似,可沿用原有规定,参照农民集体土地征收补偿标准给予失地农民土地补偿费,而其他安置补助则由国有农用地承包主体承担。对于未全面实施承包经营的国有农场,需对农业工人(未承包国有农用地的职工)进行明确的工种分类,并依据劳动合同用工制度给予相应的补偿。

3.建立配套协调机制

为保障国有农场失地农民的权益,有关部门需进一步完善补偿安置相关法律法规,并建立国有农用地使用权有偿收回工作的配套协调机制。在收回国有农用地使用权前,应积极与农场农民沟通,了解其个人意愿,并在尊重其意愿的基础上,提供多种补偿安置方式。同时,应对土地补偿费、安置补助费、青苗与地上附着物补偿费等各类补偿安置费用进行宣传,以获得农场农民的理解与支持。对于短期内无法实现再就业的失地农民,应提供待业生活费、再就业培训费、助学金等补助,以鼓励其寻找新的就业机会。对于缺乏再就业能力和条件的失地农民,应设定一些劳动密集型工作岗位,为其提供就业安排。

总的来说,关于国有农用地使用权的收回,必须严格执行相应的有偿收回制度,并且充分意识到当前有偿收回工作中存在的问题。同时,还需要在配套协调机制建设、区别立法、补偿安置方式等方面采取适当的应对策略。只有这样,才能切实保障国有农场失地农民的权益。[1]

四、国有农场失地人员安置

城市化进程一直在不断加快,诸多地区城乡接合部现有的国有农场土地逐渐被大范围地开发和征用。在这一过程中产生的补偿安置问题若得不到妥善处理,则会引发一系列社会问题,对企业的日常运营也会造成不良影响。长此以往,那么势必造成更加严重的后果。其中,失地人员自身的安置问题尤其需要给予足够重视,实现对人员的合理安置。只有这样,才能够从根本上促使国有农场经济转型,实现可持续发展。

(一)国有农场失地人员安置问题

1. 安置不平衡问题突出

各地区在拆迁安置时,由于政策等相关因素条件的影响,整个拆迁安置的时间跨度普遍比较长,同时涉及面也比较广,其中涉及的利益关系错综复杂。如果单纯利用征地拆迁补偿安置制度来予以解决,很难实现公正均衡。另外,由于征地拆迁时间、区域等各方面条件之间具有非常明显的差异性,征地补偿安置政策以及补偿标准之间也存在差异,甚至征地及拆迁补偿利益之间也存在较大差距。

2. 工作人员缺少参与权

部分地区在征地中并没有召开相关会议,人员在整个决策中处于弱

---

[1] 郭宏伟:《浅谈国有农用地使用权有偿收回》,载《农家科技(下旬刊)》2021 年第 2 期。

势,整体满意程度并不是很高。

3. 利益诉求繁多

征地拆迁安置成为部分人群摆脱困境的重要机会,尤其是受到巨大利益影响后,普遍都会出现“漫天要价”等行为,想要通过各种不同方式,利用不同理由提出自己的利益诉求,甚至还有部分人员想要制造一系列的事件,不断扩大影响力,促使政府或者是企业对自己的物质要求让步。由于受到过度物质欲望等影响,征地拆迁安置工作在开展时受到严重的阻碍。对于失地后的群体而言,一般都需要政府帮助解决补偿安置、社会保障以及就业等问题,这样才能够避免失地后的群体成为“三无”人员。

(二)国有农场失地人员安置对策

1. 加强征地拆迁补偿安置政策宣传

为保证国有农场失地人员安置问题能够得到及时有效处理,要保证对目前现有的一系列政策法律法规等进行广泛宣传,对职工群众起到正确的引导,促使其能够进行合理的利益诉求。在征地安置过程中,要将各个不同群体自身的切身利益放在首要位置上,同时还要对各方基本利益关系进行协调,促使舆论宣传引导作用得到有效发挥。积极引导职工群众树立全局观念,服从城市规划和建设发展的基本要求。同时要保证信访接待工作的全面有序开展,积极听取以及主动关注职工群众的个性化利益诉求。针对明显超出现有政策规定或者体现出一系列认知偏激等情况的利益诉求,要尽可能耐心听取,更加详细地解释,严格按照政策以及规定要求实施。只有这样,才能最大限度地保证思想教育以及心理疏导等相关工作的作用、价值最大化地发挥出来,避免矛盾积累得越来越多。

2. 坚持以市场为导向

现有失地人员征地安置政策的针对性并不是很强,安置方案在编制和落实时,涉及不同辖区范围内的政府以及相关职能部门的作用很难落到实处。对政府而言,要遵循以人为本的基本原则,将市场导向作为依据,对现有法律法规等进行不断完善和优化,将政策法律等作为基础,政府以及对应的职能部门必须对区域范围内的实际情况进行统筹管理。同时,要根据国有农场目前实际情况,对农地失地人员提供比较良好、优惠的安置政策作为支持,对征地拆迁补偿安置政策进行科学合理的编制和落实,还要保证与其相对应的安置方案能够落到实处。另外,政府应将市场作为其中的导向依据,结合经济发展现状以及物价整体上涨水平,对征地拆迁补偿政策的编制和落实进行优化,确立符合现实要求的拆迁补偿标准,这样才能够最大限度地保证住房的拆迁补偿满足回建费用支出等各方面的基本需求。

3. 就业扶持机制的构建

由于原本留地安置项目在建设时,需要的周期普遍比较长,所以在就业岗位方面带来一定的影响,对于各地区政府而言,应当引起足够的关注和重视,对符合现实要求的就业扶持机制进行合理构建,不断拓宽现有就业渠道,以各种不同类型的渠道以及形式等,尽可能为失地人员构建良好的就业服务平台作为支持。当地的政府或者是劳动力以及对应的社会保障部门等可以牵头,同时可以为失地人员提供转移就业等一站式的服务体系作为支持。另外可以在实践中,对就业技能专项培训基金加大扶持和舆论宣传力度,促使专业技能培训等相关活动得到有效推进,积极引导失地人员对现有的择业观念进行更新和强化。这样不仅有利于从根本上实现失地不失业的根本目的,而且还可以为社会的稳定、可持续发展打下良好基础。

对国有农场失地人员安置问题进行妥善处理,不仅有利于促使国有农场经济实现稳定、可靠的转型和升级发展,而且还可以实现稳定、可持续发展的目标,对征地拆迁以及重点项目的建设而言,具有实质性意义。同时,还可以对社会和谐建设和稳定发展提供良好的维护依据作为支持,以此来实现经济效益的最大化。[1]

---

〔1〕 农好呼:《研究国有农场失地人员安置问题与对策》,载《大科技》2023 年第 11 期。